革命と性文化

若尾祐司｜栖原彌生｜垂水節子＝編
Wakao Yūji　Suhara Yayoi　Tarumi Setsuko

山川出版社

Rethinking of Sexuality in Western Civil Society
ed. by
Yuji Wakao, Yayoi Suhara and Setsuko Tarumi

革命と性文化　目次

革命と性文化

序 近代の性文化を問う

若尾祐司

本書のタイトル「革命と性文化」という主題への関心は、リン・ハントの著作『フランス革命と家族ロマンス』(西川長夫・平野千果子・天野知恵子訳、平凡社、一九九九年)に導かれている。この著作の基礎には、政治理論史家キャロル・ペイトマンによる社会契約論の見直しがある。革命のスローガン「友愛」(フラタニティ)の歴史的な意味づけの問題である。

ペイトマンによれば、自由・平等・友愛という三要素の結びつきは、フランス革命に限られない。古い家父長制理論を克服し、個人の自由・平等という革命的想定に出発した、古典的契約理論に共通するものである。つまり、自由で平等な諸個人の契約という、市民社会の創生物語は、同時に友愛・兄弟愛という、もう一つ別の次元を隠し持っている。それは、父にかわって兄弟たちが、女性支配のために結束する性契約、すなわち男性同盟である。

こうして、市民社会理論におけるオリジナル契約の想定は、父の家父長制を打破した兄弟たちの、性契約を前提とする社会契約をなす。この二重契約によって公私のアンチノミーが形成され、契約に基づく近代特有の家父長制が構造化された、という。いうまでもなく、このペイトマンの見解は、ユルゲン・ハーバーマスの近代公共性論に対する、ジェンダーの視点からの批判的な対置である。

ペイトマンの性契約論・フラタニティ論を、フランス革命について検証しようという問題関心から、リン・ハントはじつに豊かに、同時代人の受取り方にそくして、フランス革命像を描き出している。この方法を、フランス革命からさらにアメリカ南北戦争や、ロシア社会主義革命、ナチス国民革命、さらには一九六八年の青年反乱にも広げ、近代をとおして革命と性秩序、男性同盟と近代家父長制という問題圏をテーマ化できないか。こうした作業がはたされるならば、ジェンダー史の視点で、近代の歴史像が全面的に再構成されるはずである。

以上のような問題関心に出発しながら、しかしテーマをそこまで絞り込むことなく、編者と著者たちの協力によって二〇〇三年五月、日本西洋史学会第五三回大会(愛知県立大学)でシンポジウム「革命・公共圏・性文化」がもたれた。当日の趣旨説明(若尾祐司・栖原彌生)は、以下のようになされている。

ナポレオン民法典をモデルとする近代の家族と性文化は、この二、三〇年間に大きく変化し、一つの時代の終焉を感じさせる。事実婚と婚外出生は普通のこととなり、また単身世帯の増加によって、結婚・家族の制度的な意味づけは失われつつある。かつてカントが、自然に反する人間性への侵害として否定したホモ・セクシュアリティも、今では異性婚と同じ法的取扱いを受け始めている。この変化は、人びとをどこへ導いていくのか。「どこから、どこへ」という方向感覚をめぐり、過去のあり方への関心が高まっている。

そこで本シンポジウムは、性文化をめぐり近代から現代への大きな流れをとらえることを課題とした。すでにリン・ハントのフランス革命論により、市民革命による性別の生活圏や性行動の境界づけプロセスは、みごとに描き出されている。これを前提とし、性別の境界線を乗り越える実践は、歴史のなかでどのように試みられてきたのか。その多様な軌跡を探ることにより、欧米社会における現代的動向の歴史的背景を理解できるだろう。

それぞれの報告は、フランス革命期から十九世紀半ばのアメリカ合衆国のコミュニティ、そして帝政末期ロシアからナチスの時代へと、対象地域を大きく広げて通時的に構成されている。報告タイトルが示すように、それぞれの主題は女性・子ども像、女性の社会・政治参加、女性の教育・社会参加、男性同性愛と異なるテーマをあつかっている。しかし、これら個別のテーマを通底して、市民革命によって方向づけられた近代の性文化に対し、一方では女性サイドの挑戦と、他方では男性サイドにおける相克の歴史が提示されるのである。

もちろん、欧米近代の性文化という問題圏の大きさを考えれば、本シンポジウムは研究の拠点を確保するにすぎない。今後、「革命・兄弟愛規範」の問題を意識しつつ、点から線へと広げ、相互の比較と関連づけにより面のレベルで問うことができればと考える。

以上の趣旨にそって、四つの報告がおこなわれた。天野知恵子「フランス革命期の女性像と子ども像」、田中きく代「十九世紀の国民形成における共和国のイデーと性文化――アメリカ合衆国の場合」、橋本伸也「帝制最末期ロシアの「女学生」の世界――人民への奉仕と学問への憧憬」、星乃治彦「ナチズムとホモ・セクシュアリティ」である。これらの報告をとおして、近代の欧米における性文化の展開史について、以下のような整理と問題提起がおこなわれている。

第一に、フランス革命期に登場する女性戦士像は、同時代ドイツのマインツ共和国やのちの一八四八年革命期の共和派・民主派の女性と大きくかさなる。ウィーンのバリケード戦に参加した、革命派の一割は女性だったといわれる。内乱と市街戦の時代、女性解放の一つの理想像として、「アマゾン族」と揶揄《やゆ》された武装女性や戦闘を支援した女性の存在は、数多くみられたのではないか。

第二に、一八四八年革命の挫折は、ヨーロッパ大陸から「自由の国」アメリカへの移民の波をもたらした。このアメリカ移民はそれ自体、鉄道と蒸気船に象徴される新時代の到来と結びついていた。技術革新とともに人の移動が激化し、市場社会化が進む「外の世界」のダイナミズムに対して、自らの生活世界を女性たちはどのように築いていったのか。北アメリカ先住者コミュニティの事例は、制度化された男性のクラブ・協会・アソシエーションとは異なる、女性コミュニケーション空間独自の特質を有した。同時に、この空間から世紀末には、市民女性運動が組織化されていく。

第三に、十九世紀末には鉄道・大西洋航路の交通網に覆われ、国民国家の乱立とは逆に一つの巨大な移動圏に、欧米諸国全体が組み込まれた。この時代、女性の動向は社会層によって異なり、対照的な方向をとった。実質賃金の上昇によって、労働者層でも家族生活が比較的安定し、専業主婦を基準とする近代的な家族像が浸透していった。他方、市民層の女性は、「外の世界」に自己の存在証明を求め、教育要求を強めていった。いち早く女性を受け入れたのはチューリヒ大学であり、医師をはじめ大卒女性を各地に送り出した。帝政末期ロシアにおける女学生の広がりにも、チューリヒ大学が重要な役割をはたした。いずれにせよ、環大西洋圏の広がりをもつ女性運動の登場により、女性の社会進出が後押しされた。

第四に、この女性運動の波は労働運動と同様、第一次世界大戦で国民国家へと自己統合をおこない、女性は銃後の守りについた。これによって戦後、フランスを除くたいていの諸国で、選挙権とともに女性の国民化が実現された。一方、若い世代の男性たちは、戦場のフラタニティ体験を背負い込んだまま、戦後の日常生活に戻っていった。大量の戦死者を出した諸国のどこでも、一九二〇年代には「無名戦士の墓」や「戦士記念碑」の建設ラッシュが続いた。この生死の男性同盟というホモソーシャルの気風のなかで、ナチスの一部は、反フェミニズム・女性蔑視の立場をホモ・セクシュアリティへと先鋭化した。同時に、こうした傾向はナチス政権によって粛清され、同性愛は徹底的に排除された。

以上、過去二世紀あまりの西洋における性文化の歴史を大きく振り返るとき、出発点として一七九二年革命フランスの結婚二法が思い浮かぶ。人権としての結婚と離婚の自由であり、自由な個人の契約関係としての愛情結婚の原則である。ただし、離婚の自由はナポレオン民法典で削除された。また結婚の自由も、セクシュアリティの自由とは程遠く、一夫一妻制(婚姻の不解消原則)というキリスト教的性規範の枠内での話であった。

ようやく一九六〇年代ピルの普及により、男性と同じように女性も、セクシュアリティと生殖を切り離すことが可能になった。これにより性革命が一挙に進んだ。さらに新しいフェミニズムにともなうレズビアン主義と平行して、ホモ・セクシュアリティも男権主義から男女平等の新しい性倫理へ、その意味を変えた。かくて、結婚と離婚の自由からセクシュアリティの自由へ、この二、三〇年間、若い世代を中心とする日常実践によって性文化の大きな転換が進んだ。父親の育児休暇や同性カップルに象徴される新しい性文化が、社会的に認知されつつあるのである。

以上のような歴史的見通しのもと、二〇〇三年のシンポジウムが本書の基礎となっている。このシンポジウムの準備過程では、コメンテーターをお願いした川北稔氏より、しばしば貴重な助言をいただいた。また、落合恵美子氏にもコメントをいただき、当日は姫岡とし子氏および菊川麻里氏はじめ、多数の発言をいただいた。しかし、本書では三人のシンポジウム企画者(編者)の論考を追加し、落合氏のコメント(補論)を掲載できるにとどまった。

シンポジウムの三大話に対応し、本書も三部構成をとっている。⑴フランス革命から一八四八年三月革命までの「市民革命と女性」のかかわりであり、⑵家政に替わる市場経済社会における「女性の公共圏」形成であり、⑶「もう一つの性文化」としてのホモ・セクシュアリティという、三つのテーマ群である。ジェンダー史の蓄積はなお限られており、最初にふれた問題関心からすれば、本書の作業もまだ初歩的な域をでるものではない。今後に期待したい。急速な少子化の進行によって多くの大学の存立さえ危うくなりつつある日本の現状において、性文化という歴史人類学的テーマへの本格的なアクセスが、切実に求められていると思うからである。

第Ⅰ部　市民革命と女性

第1章 フランス革命と女性

天野知恵子

はじめに

フランス革命の女性史は、一九八九年の革命二〇〇周年の前後に、あいついで研究成果を生み出した。フランスでは、女性史は一九七〇年代から本格的に取り組まれた新しいテーマであったが、この手法を生かして、革命期における女性の問題がさまざまな視野から検討されたのである。その後、一九九〇年代末からは、政治の場における男女同数制（パリテ）の議論に刺激され、公的な場における女性や、政治と女性のかかわりという観点から歴史がみなおされるようになり、革命期の女性たちにも、再度目が向けられるようになった。また英米圏においても、リン・ハントの研究に触発されるなどして、革命期の女性史研究はいくつもの業績をあげてきた。以下では、そのような研究の過程で明らかにされてきたことを踏まえながら、革命期の女性たちについてつぎの三つの点から考察してみたいと思う。

一つは、革命下で女性たちはどのような体験をしたのか、ということである。もとより、革命を積極的に支持した女性もいれば、反対した女性もおり、否応なく時の流れに巻き込まれていった女性もいて、その立場は一様ではない。ただ、いずれにしても革命は、これまでになかった新しい体験を女性たちにもたらしたのであって、それがどのようなものであったのか、ここで検討し整理してみたいと思う。つぎに取り上げるのは、女性たちには結局、いかなる権利が与えられたのか、与えられなかったのかという問題である。新しい経験を踏まえて女性たちが獲得したものは何であったのかを、そこでは考えてみることにしたい。つぎに、革命期につくりだされた女性のイメージについて考察する。革命は数多くの女性像を語り描いたが、それらはいったい、われわれに何を伝えているのであろうか。そうした問題を考えながら、最後に全体をまとめていきたいと思う。

1　女性たちのさまざまな体験

街頭に出る

革命期における数々の民衆蜂起において、女性たちは頻繁に姿をあらわした。とりわけ食糧蜂起の際にはそうであった。なかでも有名なのは、一七八九年十月のヴェルサイユ事件である。六〇〇〇人から七〇〇〇人のパリの女性たち、台所を預かる民衆の女たちが、パンを求めてヴェルサイユへ行進を始めた。国民議会の議場にはいりこんだ彼女たちは、議員たちのそばに座って食糧の確保を訴えた。幾人かは国王にも面会した。そして女性たちは翌日、王家をともなってパリへ帰ってきたのである。議会もほどなくパリに移り、革命はこのあと、パリ市民の間近で展開していくことになる。このように、女たちが主役であったヴェルサイユ行進事件は、革命のゆくえを左右する大きな政治的結果をもたらした。

民衆蜂起への女性の参加は、革命以前の食糧蜂起にもみられる。だが革命期においては、ヴェルサイユ行進のようにパンの確保を直接の目的としていても、女性たちは政治的な立場を意識していることが多かった。例えば、『パリの革命』紙は、王様が権力を取り戻したらパンが手にはいるだろうと言った者に対して、女たちが罵りの言葉を返したと報じ、「彼女たちはパンを求めているが、それは自由を代償にしてではない」と書いている[Godineau 2003:198]。女たちも男たちと同様、「自由」や「第三身分」あるいは「国民」のような言葉を歓迎し、一七八九年のできごとに、自分たちの生活を改善してくれる新たな時代の到来を期待したのである。

そうした雰囲気を伝えるべく、革命期の街頭は刺激にあふれていた。新聞やパンフレットが声高に売られ、文字を読めない人びとのために読んで聞かせる役の者もいたから、民衆の女たちも、多くの情報に接する機会があった。街頭に出て意見を述べ、近隣の者たちと語り合って集団をつくり、ときにはそのまま議場に赴き、議論のやりとりに耳を傾ける、あるいは、行政当局に出向いて、請願や抗議をおこなう——革命期の民衆は男女を問わず、たびたびこのような行動を起こした。また国民議会には当初、着飾った貴族やブルジョワの女性たちが姿をあらわしたが、国民公会の時期には、民衆の女性たちが数多く押しかけた。傍聴席に陣取り、ヤジや拍手で議員たちの発言に応える者もいた[Godineau 1988]。革命下では日々、このようなことが繰り返されたのであって、民衆の女性たちにとっては、そうした行為の一つ一つが、政治を身近に実感する機会となった。それは、未知の新たな体験であった。

革命期の政治的体験を踏まえて女性たちが行動を起こし、為政者たちに衝撃を与えた例として、一七九五年春におけるパリの民衆蜂起をあげることができる。このときも食糧危機が深刻であり、パン屋の店先に並ぶ女たちから不満の声があがっていた。一七九五年四月三十日に、そうした女たちの一団がクロワ・ルージュ街で穀物を積んだ車をとめ、蜂起を宣言してセクション委員会にはいりこみ、「主権者人民と法の名において」行動すると述べた。また五月二十日には、サーベルを手にした若い女を先頭にして、多くの女性たちが国民公会へなだれこんだ。共和暦三年プレリアルの蜂起の開始である。革命期最後のこの民衆蜂起は、すぐに鎮圧されてしまったが、多くの女性たちがかかわった点に特徴がある。というのも、その際逮捕された者のうち、少なくとも一五〇人は女性だったからである。そしてテルミドール反動期の国民公会議員たちは、これらの蜂起において民衆の女性がはたした役割を見逃しはしなかった。女性たちはこのあと、国民公会へ傍聴にくることも、政治クラブに出席することも、街頭で集団をつくることもすべて禁止されてしまったからである［Godineau 2003:216–217］。街頭に出て政治に主体的にかかわろうとした女たちの体験は、このようにしていったん断ち切られた。

革命はしかし、女性たちに対して、家の外の公的な場に出る別の機会も提供した。例えば、革命期に何度もおこなわれた祭りや記念式典がそうである。数々の催し物に、女性たちもさまざまな立場を代表して出席した。息子を戦地に送っている母親たちの集団が登場することもあれば、髪に花をさした乙女たちが登場することもあった。未来の共和国の繁栄を象徴して、妊婦たちの行進する姿さえみられた。また一七九三年の八月十日祭には、大砲の上に腰をおろした「一七八九年の女性の英雄たち」が姿をあらわし、月桂樹の冠を受け取ったが、これは女性が妻・母・娘といった役割に限定されることなく出席した点で、他に例をみない祭典となった[Godineau 2003:231]。そしてこのような場にあって、「市民」や「国民」、あるいは「理性」や「最高存在」といった言葉が飛び交うなか、女性たちも誓いや合唱に声を合わせたのである。

女性の政治クラブ

革命を歓迎し、革命に積極的にかかわろうとした女性たちの行動の一つが、女性の政治クラブの設立である。政治クラブは一七八九年以後、全国に数多くつくられたが、そのうちのあるものは、女性が出席することも認めていた。そうしたクラブに出ていた女性たちのなかからやがて、女性だけのクラブをつくろうという動きがみられるようになった。革命期に設立された女性メンバーのみの政治クラブは、六〇ほどにのぼるとされている。その規模はさまざまで、なかにはボルドーのクラブのように、一七九三年に「七〇〇人から八〇〇人の女性市民」を数えたところもあったが、どのクラブでも、中心となって活躍したのは数十人程度である[Desan 1992:13-14]。また多くのクラブで采配をふるったのは、ブルジョワ層の女性――とりわけ、夫がその地のジャコバン・クラブの主要メンバーであるような既婚女性――であった。とはいえ、より下の階層の女性たちが集まることもあって、その場合には未婚か、五十歳を超えるような年齢層の、子どもに手のかからない女性たちが多かった。

会合ではいつも、人権宣言や議会議事録などの朗読、討論、献金などがおこなわれた。近隣のクラブとの連携がはかられることもあった。また衣料品・軍事用品・包帯などの製作・収集にあたったり、女子教育や、貧者・病人に対する援助に乗り出すクラブもあった。地味でめだたない活動が多かったが、仲間同士が定期的に集まり、革命の動向について認識を深めながら討論をかさねつつ、自主的な取組みを模索するということは、女性たちにとって、これまでほとんど知る機会さえなかった新しい経験であった。

政治色を濃厚に出す女性のクラブは少なかったから、パリで一七九三年五月に設立された「革命共和主義女性協会」は、かなり異色の存在である。ここには、革命に積極的にかかわろうとした民衆階層の気鋭の女性たちが集結した。その中心人物の一人ポーリーヌ・レオンは、一七九二年三月に数百名の女性市民を代表して女性の武器使用を議会に請願したほど行動的であったし、もう一人の指導者クレール・ラコンブは、八月十日の蜂起に参加して勇敢さを表彰されたほどの豪傑であった。それゆえ彼女たちに率いられたクラブは、ジロンド派打倒の民衆蜂起に参加したり、暗殺されたマラの顕彰碑建立に奔走したりして、精力的に活動を展開した。しかしこのクラブは、その後民衆運動の急進的勢力「アンラジェ」との繋がりを強めたために、ジャコバン指導層の反感を買った。また一七九三年秋には、クラブのメンバーと市場の物売りの女性たちとのあいだに、抗争がもちあがった。前者が後者に対して、革命の象徴である国民記章や「赤帽子《ボネ・ルージュ》」の着用を強制したことが原因であった。そして国民公会は、この抗争を口実に一七九三年十月三十日、全国すべての女性のクラブを解散する法令を可決した〔天野 1981〕。女性の政治クラブは、突然その活動を停止させられてしまったのである。なぜこのとき女性のクラブが閉鎖されるにいたったのか、その理由に関しては、節を改めて検討してみよう。

反乱地域の女性たち

革命期にこれまでにない新たな体験をしたのは、革命の側にいた女性たちばかりではなかった。革命の流れに抗した地域や、革命から敵視された立場にいた女性たちの人生にも、大きな変化がもたらされたのである。以下では、この問題を考えてみたいと思う。

例えば一七九三年に西部フランスで生じた大規模な反革命反乱は、その地の女性たちの運命をどのように変えたのであろうか。ナントにおいて反革命容疑者を大量に殺害したことで知られる派遣議員カリエは、一七九三年十二月に公安委員会に宛ててこう書いた。「ヴァンデで戦いをしかけ支えているのは、聖職者たちと一緒になった女たちだということを知っておいたほうがいい」。女性と聖職者(とりわけ、聖職者民事基本法への宣誓を拒んだ非宣誓聖職者)が、結託して反乱をあおっているとするこのような報告は、反乱当初からたくさんみられた。女性たちはより宗教に熱心で、非宣誓聖職者を匿い、革命への反感をあらわにしているというのである。十九世紀の歴史家ミシュレもまた、もっとロマンティックな文脈においてであるが、つぎのように書いている。「女性の心の敬虔さや素朴さに端を発する根元的な反応が、反革命の真の力を成した。女性を導いているかのようにみえた人びとを引っ張り、支配したのは彼女たちのほうである。聴罪司祭を殉教者の道へ、夫を内乱へと駆り立てたのは、女性たちなのである」[Petitfrère 2003:106–109]。実際、カトリックへの迫害に反対する動きに際しては、女性の姿がめだつことも多かった。これは、南部の反乱地域でもみられた現象である。女性たちはしばしば、慣れ親しんだ非宣誓聖職者を匿い、子どもたちにカテキスム(教理問答)が教えられるのを望んだ。そしてそのことがしばしば、反乱鎮圧の名のもとに、女性を含む地域住民の殺害や虐待が正当化される口実に用いられた。

反革命の女性戦士の名前はいくつもあげられる。男装して戦列に加わり、戦いを指揮した女性たちもいれば、行商人や浮浪者の格好で情報収集にあたった女性たちもいた。なかでもルネ・ボルドゥローは、多数の親族を殺されたあとに自ら銃をとり戦いに加わり、「共和国軍《ブルー》」を何人も血祭りにあげたがゆえに、懸賞金をかけられ有名になった。また、身分を問わず多くの女性たちが看護婦の役割をはたした。親族との絆に加えて、強い信仰心や旧体制への愛着から闘いに加わった女性たちの姿には、かつて農民一揆や宗教戦争のさなかに、果敢な行動をみせた女性たちの姿がかさなるであろう。

近年の研究は、反乱の地における女性たちの運命をより実態にそくして明らかにしている。それによれば、主体的に行動に参加した女性の割合は少なく、多くの女性たちが、いわば「難民」(réfugiées)としての苦労を強いられたという。戦いに敗れ、父や夫や息子が戦死したり、処刑されたりしたのち、敗残者として逃げまどった女性が数多くいたのである。そして自らも傷ついたり、殺されたりした。断頭台にかけられた女性のなかには、亡命貴族や反乱者の親族だった者が少なくない。

さらには、反革命の側に立つというわけでもなく、むしろ反乱の波及を恐れて、住む地を離れざるをえなかった多くの人びとがいた。行き場を失って難民化したそのような人びとのなかでは、時とともに女性の占める割合が増え、全体の六割におよんだとされている。国民公会は一七九三年八月一日に、ヴァンデ地方に大がかりな戦いを繰り広げる一方で、女性や子ども、老人に対しては「人道的なあらゆる観点から」支援をおこなうことを定めた。だがその支援は十分ではなく、避難してきた女性たちを収監した施設では、伝染病が蔓延して多数の死者を出すことがあった。性的な虐待も頻発した。そうした過酷な条件のもとでは、多くの女性たちが故郷に帰ることなく命を落としたのであり、難民を受け入れた都市においては、成人死亡数の三分の二から四分の三を女性が占めるところもあったという[Petitfrère 2003:120–124]。そこには、反乱の勃発や波及によって、生活の基盤を根底から掘り崩されてしまった女性たちの姿がある。このように、反乱地域の女性に焦点をあてた近年の研究成果から考えると、革命期の反乱地域は、十六・十七世紀の宗教戦争にも増して、二十世紀の地域紛争を思わせるような状況であったと想像することができる。

修道女の運命

革命によって運命を大きく変えられた女性たちのなかに、修道女がいる。彼女たちもまた、革命期には非宣誓聖職者との繫がりをいわれることが多かったが、実際にはどのように革命期を過ごしたのであろうか。

女性には司祭のような在俗聖職者になる道は閉ざされていたが、修道誓願を立てて修道会にはいることはできた。革命初期の頃、フランス全土にはおよそ五万五〇〇〇人ほどの修道女がいたといわれる。その一部は、カルメル会やベネディクト会などの観想修道会であったが、積極的に社会とかかわる仕事に従事した修道会もあった。女児教育を手がけたウルスラ会や、慈善活動をおこなった慈愛修道会(Sœurs de la Charité)、英知修道会(Filles de la Sagesse)などである。こうした修道会では、修道女たちは教師、あるいは看護婦や保母としての役割を担った。

革命は修道会に対して、つぎつぎと新規の政策を打ち出した。まず一七九〇年二月十三日に、修道誓願を禁止した。一七九二年四月六日には、修道服の着用を禁止した。そして一七九二年十月一日には最終的に、すべての女子修道会を閉鎖したのである。生きる場所を追われてしまった修道女たちは、それからをどのように生きたのであろうか。一地域の事例を取り上げて検討してみよう。

一七九〇年に、ポワチエの司教区には一一〇〇人ほどの修道女がいた。このなかの一〇五人は、一七九二年末、年金をもらうために市町村当局において「自由の誓い」をおこない、革命への忠誠を明らかにした。また七八人は、なんらかの職業に就いた。看護婦三四人、教師二七人、商人八人、召使い六人といった具合である。これらは、何はともあれ、当面の生活の手立てを見つけなければならないと前向きに考えた女性たちであったろう。さらには、生きていくためにもっと劇的な変化を選んだ修道女たちもいた。結婚生活にはいったのである。ポワチエでは、一七九三年から九八年のあいだに、八一人の修道女が結婚している。うち七二人は三十歳台であった。また、一八〇〇年に五十歳以下であった者だけを対象にすれば、結婚した修道女の割合はその二二%、四分の一弱になる[Murphy 2003:92-95]。

他方で、革命が示す方向には従わずに生きる道を選んだ女性たちもいた。多くの修道女が、修道会解散のあとも非合法的に集団生活を続けたのである。そうした集団の数は、ポワチエ司教区では三八にのぼる。

その多くが貧困生活をよぎなくされたが、集団生活を続けた女性たちのなかには、革命の施策に反対したというより、長い修道生活のあとに個人で自立する方法を見出せなかった者も少なくなかったであろう。ポワチエ司教区の三八の集団のうち、非宣誓聖職者を匿っているとして非難されたのは五つにすぎない。それでも、はっきりと敵対的な態度を示す女性もいた。個人で秘密裡に学校を開いてカテキスムを教えた修道女もいたし、反革命の動きに積極的に荷担した修道女もいた。

ときには、革命政権への不服従を集団的に決めたがゆえに、多数の修道女がいっせいに処刑されることもあった。フランス全体で、恐怖政治期に一八七人の修道女が断頭台にのぼったとされるが、そのほとんどをウルスラ会(五一人)、英知修道会(四五人)、カルメル会(二四人)、ベネディクト会(二四人)が占めている。例えばコンピエーニュでは、一七九四年七月に元カルメル会修道女一六人が断頭台にかけられた[Murphy 2003:99-100]。そうした光景は、修道女の大量殉教というイメージをつくりだしたが、修道女全体の数から考えると、実際に処刑されたのはわずかであったということができる。

結局、多くの修道女たちは、修道会の解散後、人生を自ら切り開いていかなければならなかった。ポワチエでかつて共同生活を送っていた第二カルヴァリ修道会の一〇人の修道女について、修道会の解散後どうしたかについての調査がある。それによると、ある者は結婚して五人の子を生み、ある者は店を開き、ある者はヴァンデに行って反乱に加わり、ある者は秘密裡に学校を開いている。修道女であることを禁じられるという前代未聞の現実と向き合って、各人はそれぞれ、自分の考えに従って行動したのであろう。もっとも、革命の嵐は長くは続かなかった。一七九八年以降、慈善活動をおこなっていた修道会を皮切りに、女子修道会はつぎつぎと再建されていったからである。けれども、革命の影響はやはり甚大であった。帝政期に生存していたポワチエの元修道女のうちで、その六八％、三分の二強の女性たちは、二度と修道院には戻らなかったのである[Murphy 2003:101–104]。

2 女性の権利をめぐって

女性の政治的権利

革命に積極的にかかわろうとした女性たちは、革命に何を求めたのであろうか。この点で注目されるのは、一七九一年九月にオランプ・ド・グージュによって発表された「女性および女性市民の権利の宣言」である。彼女は「人権宣言」のパロディのかたちをとって、「人権宣言」では明らかにされなかった男女の権利の平等という問題を鋭く指摘した。そして、女性は「自由な者として生まれ、かつ、権利において男性と平等な者として生存する」がゆえに、選挙権を行使し、公職にも就くことができる、と宣言した。グージュは巧みな言回しで「人権宣言」の盲点を突き、男女の政治的権利の平等を主張したのである［ブラン 1995］。

政治クラブを組織し指導したような女性たちも、女性の政治的権利の行使を求めた。だがその場合、男女の役割の違いについてはこれを是認したうえで、できる範囲で最大限の活動をしたいと語る場合が多かった。例えばパリの「ドロワ・ド・ロム・セクションの女性市民たち」は、男性には軍事や政治などの

「公的な義務」があるのに対して、女性には妻や母としての「私的な義務」があると認めていた。それでも彼女たちは、女性を「家事という狭い領域に追いやる」ことによって、「受動的で孤立した存在」にしてしまうのだと非難した。義務は異なっても「権利の宣言は男女両性に共通」しているのであるから、「自然が絶対的に要求することと、公益への思いが命じることを両立させるのは可能」であるというのである。また「革命共和主義女性協会」の指導者、レオンやラコンブも、女性にとっては家族や子どもの世話が大切であると語りつつ、女性が政治にかかわる権利を、「自然が私たちに与えた権利」、あるいは、「人民の権利」だと主張した［天野 1981］。

革命にかかわることをとおして、男性に媚びない主体的な生き方をめざそうという自覚や呼びかけも生じた。ジョゼフィーヌ・フォンタニエという若い女性は、一七九三年十月に自らのセクションにおいて、「私たちはもう、リボンの色や紗のみごとさや耳飾りのかたちや値段には無関心です。徳が私たちの装いとなり、子どもが私たちの宝石となりましょう」と述べている［Godineau 2003:235］。またバス・ザルプ県カステラーヌの女性のクラブも、一七九二年六月に男性のクラブに対して、「私たちはあなた方の奴隷でした。あなた方は自分たちを楽しませてくれる玩具としてしか……私たちを見ていなかった」と語っている。ただしこのカステラーヌの女性たちも、一方では「家事に従事するのは女性の定め」と認めつつ、「愛国心にかけてはあなた方にも負けてはいない私たちの感情」を表現したいと望んだのであった［Lapied 1996:459–500］。革命期には、ルソーの影響力と十八世紀に発達した医学や生理学の成果とがあいまって、性による役割分担という考え方が広く支持された。母性も重視された。ロラン夫人が母乳育児に悪戦苦闘したように、開明的で教養のある社会層ほどその傾向がみられた[ウートラム 1993]。それゆえ革命に積極的にかかわろうとした女性たちも、その多くはジェンダーの枠を受け入れながら、できる限り男性と同等の活動をしたいと考えたのである。

では、革命はこうした女性の訴えにどう応えたのであろうか。

革命が当初めざした立憲君主体制は、そのかなめのところで女性を政治から追放した。フランスの王政はそもそも女性君主を認めていなかったが、国王が幼少の場合、王母は摂政の地位(régence)に就いて政治の実権を握ることも可能であった。一七九一年憲法はこれを禁じ、摂政を男性の王族か、特別に選ばれた市民に限定した[Godineau 2003 : 226]。一般の女性の選挙権についてはその議論さえおこなわれなかった。女性が選挙権をもたないのは、当然だとみなされていたのである(もっとも、コンドルセのようにそうは考えなかった議員もいたが)。女性の政治的権利に関しては、なんら明確な規定がなされなかったが、この間隙を突くかのように一七九二年以降、女性たちは数多くの政治クラブを組織し、街頭でも熱心な活動を展開した。女性たちの行動力はやがて、無視できないほど大きくなった。例えば一七九三年九月には、パリの「革命共和主義女性協会」などからの熱心な働きかけによって、女性にも三色の「国民記章」の着用を義務づける法令が出された(男性にはすでに九二年夏以降着用が義務づけられていた)。女性たちの活動を目の当たりにした治安関係者のなかには、「国民記章」のつぎは、女性への公職開放が求められるのではないかと考えた者もいたほどである。

ところが国民公会は、一七九三年十月三十日に、女性の政治クラブの解散に踏み切った。この日女性の政治クラブに関して報告をおこなった保安委員会のアマールは、「革命共和主義女性協会」と市場の物売りの女性たちとの抗争にふれながら、つぎの三点を理由に女性の政治的行動を否定した。第一に、「一般に女性は、高度な思考や真剣な熟慮に関しては、あまり能力をもたない」。第二に、女性の仕事は家庭にある。これは自然が女性に定めた「私的な務め」であり、この務めをはたしてさえいれば、女性は十分に祖国につくしたことになる。第三に、男性の政治的啓蒙さえ不十分ななかで、女性が政治にかかわるのは危険である、と。報告のあと、シャルリエという議員が発言を求め、女性も人間である限り平和的に集会する権利をもち、一つのクラブがトラブルを起こしたからといって、すべてのクラブを閉鎖するにはおよばない、と述べた。だが、この意見は支持されなかった。国民公会は結局、全国すべての女性のクラブを解散する法令を可決した[天野 1981]。

革命家たちの意図は明らかであった。彼らは革命独裁体制の完成とともに、国民公会の統制下にない政治運動を抑圧しようとしたのである。そのことは、シャルリエの発言をさえぎった一人の議員が、問題はただ女性の政治クラブが危険かどうかだけであって、危険なものは排除してもよいのだと述べたことからもうかがえる。彼らはその際、女性の持ち場は本来家庭にあるうえ、思考能力で女性は男性に劣るという論を展開して、女性の政治活動を危険であると判断する論拠とした。このように、女性のクラブの禁止はまず、革命独裁による自立的な民衆運動への弾圧の一環としておこなわれた。と同時にそれはまた、女性の能力や役割を私的空間に狭く限定することによって、公的領域への女性の進出を阻もうとする、ジェンダー差別を盛り込んだ法的措置でもあった。このとき、それまで言及されることさえなかった女性の政治的権利が、「自然の定め」という理由に基づき、はっきりと公的に否定されたのである。これもまた、革命期の女性たちが味わった苦く新しい経験であった。

女性はこうして結社の自由を失ったが、男性の政治クラブへ出席したり、議会の傍聴に出かけることは、この時点ではまだ可能であった。けれども、そうした女性たちに対する風当りは、しだいに強くなっていった。十一月には、パリのコミューンが政治にかかわろうとする女性を「自然に反した女性」と呼び、以後、女性の代表団を受け付けない方針を決定した。また一七九三年秋には、王妃マリ・アントワネットやロラン夫人、オランプ・ド・グージュなど、政治にかかわったとされる女性たちが、あたかも見せしめであるかのように、あいついで処刑されたのである。

革命期の離婚

政治的権利とは異なり、民事上の権利については、革命は女性に多くのことを認めた。一七九一年から九四年にかけて、民法上では女性にも男性と同等の権利が与えられ、相続における男女平等や、親権における父母同権が定められた。なかでもとりわけ大きな改革は、離婚の承認であった。一七九二年九月二十日の法は、結婚を自由で対等な二者の結びつきと規定し、その解消もありうることをはっきりと言明した。そして双方の合意に基づく離婚はもとより、片方からの「性格の不一致」申立てによる離婚さえ、可能であるとしたのである。

一七九三年から一八〇三年にかけて、パリでの離婚は一万二〇〇〇件を超えた。結婚数に対する離婚数の割合でみれば、二三・六％になる。これは例外的に多い数字であったが、離婚は一般に都市部のほうが多く、ルアンでは一二・六％、リヨンでは九・二％にのぼった［Desan 2004:124］。また、一七九二年から九五年のあいだに離婚した人びとについての調査によれば、離婚は商人・職人という人びとのあいだで多かった。この社会層がリヨンでは離婚全体の八〇％、レンヌでは五〇％を占めている。またどこでも、妻からの申立てが三分の二にのぼった。その理由としては、配偶者の不在、あるいは配偶者による遺棄が多く、リヨンとパリではこれが六六％、レンヌでは四三％になる。だが、これらの理由による離婚は総裁政府期には減少し、かわりに、双方の合意や、「性格の不一致」に基づく離婚が増えていく。つまり革命期の離婚法は、初めは、実際上破綻していた結婚を法のうえでも解消する手続きとして利用されたが、やがては、完全な破綻にいたる前に結婚を解消して、人生をやりなおす積極的な手段として活用され始めたということができる［Godineau 2003:222-223］。

だが、こうした動きも短期間に終わった。離婚はテルミドール反動後、家族の秩序を脅かすものとして非難され始めたのである。一八〇四年の民法典では、離婚は非常に困難になり、「性格の不一致」という理由は認められなくなった。そして王政復古後の一八一六年に、離婚は禁止された。離婚がともあれ再び認められるようになるのは、一八八四年のことであり、合意による離婚の承認は、一九七五年を待たなければならなかった。そうした経緯を踏まえたうえで考えると、フランス革命がいかに大胆な試みをおこなったか、あらためて実感することができる。革命は離婚を可能にすることで、夫から隷属を強いられていた女性たちに解放される権利を提供したのである。革命期のある女性は、その意義をつぎのように語っている。

自由な女性である女性市民ガヴォは、離婚を認めた聖なる法を称えます。昨日まで彼女は、専制的な夫のもとであえいでいて、自由も彼女にとっては、むなしい称号でしかありませんでした。今日彼女は、独立した女性の尊厳に立ち戻り、悪しく結ばれた絆を断ち切って恩恵をもたらしてくれたこの法を、礼賛するものであります。この法は心を己自身へ、自然へ、さらには聖なる自由へ連れ戻してくれたのです。〔Godineau 2003:223〕

離婚によって自分を取り戻し、人生をやりなおすこと――これもまた女性たちにとって、かつては考えることもできなかった新しい経験であった。

3　革命期の女性像

善と悪の表徴として

革命期には大量の印刷物がでまわった。公的な性格をもつ通達や回状が定期的に配信され、各地の政治クラブも意見書や請願書を配布し、街頭には新聞やパンフレット、ビラなどがあふれた。そうした印刷物のなかでは、数多くの女性像が絵画として描かれ、物語や伝説として語り伝えられた。この女性たちのイメージは、何を意味していたのであろうか。

例えば王妃マリ・アントワネットは、夫をないがしろにし、不貞を働く悪しき妻として風刺画に頻繁に登場した。革命前夜から立憲王政期には、王妃のそうしたイメージが王室の権威の低下に拍車をかけた。また彼女は一七九三年十月の裁判に際して、幼い息子に近親相姦をおこなったおぞましき母だと告発された。王妃が公的な場でここまで卑しめられたのには、時期的な理由もあった。裁判は、女性の政治活動を否定する方針が定められた頃におこなわれた。淫乱な王妃のイメージはその際、妻・母としての本分をわきまえない女が政治に口出しして国を乱したばかりでなく、自分の子どもを不道徳の巻添えにした極端な例として示され、利用されたのである[Thomas 1989; ハント 1999]。

他方で、革命期にはまた「自由」や「正義」、「法」や「真理」など価値あるものが女性の姿で寓意されることが多かった。国王のイメージを払拭する必要もあって、絵画や版画で女性像が用いられたのである[ハント 1989]。革命や共和政を体現する若く美しい女性たちは、ときには胸をあらわにした半裸姿で描かれ、官能的でさえあった。そうした寓意像は、革命から生まれた祖国に女性的イメージを加えて、祖国愛に甘美な陶酔感をもたらす働きもしたのである[Landes 2001]。

理想の女性像からマリアンヌへ

ところで、革命家たちにとって理想の女性とは何であったのか。この点を明らかにするために一つの史料を紹介したい。それは、革命下で英雄的な行いをしたという無名の人びとの物語を収集したエピソード集で、『フランス共和主義者の英雄的・市民的行為録』(以下『行為録』と略記)と題された小冊子である。一七九三年十二月から翌年夏にかけて、国民公会の承認のもと、五回にわたって発行された。一回には二〇

des républicains français』(1793–1794)に登場する女性たち(日付はできごとの生じた年月日)

h. 第3号 no.21　1789年9月18日
国民議会に女性芸術家たちがやってきた。みな白い服に国民記章をつけている。一番若い女性が，その魅力をいや増す優美で内気なしぐさで，献上したいと宝石箱を差し出した。

i. 第3号 no.28　共和暦第1年ブリュメール15日(1792年11月5日)
敵がサン・ミリエを占領した。ある店で，若い女性が，自分の子どもたちに囲まれ，2挺のピストルを手にして火薬樽の上に座った。敵の手に落ちるくらいなら，家も家族も吹き飛ばそうというのである。敵はその勇気と男まさりに畏怖し，彼女のすみかは守られた。

j. 第4号 no.3　共和暦第2年フリメール4日(1793年11月24日)
派遣議員が報告する，グランヴィルの包囲に際しての英雄的行為の記録から。砲兵たちは自らの家に砲弾を打ち込んだ。女性たちは炎のなかで，静かにこう叫んだ。「敵を殺しましょう。そのあとで火は消えるでしょう」。

k. 第4号 no.8　1789年4月1日
4人の男が便壺に落ち，有毒ガスに苦しんでいた。すると，17歳のルイーズ・ヴァサンが穴のなかにおり，2人を助けた。3人目の体を綱に結んでいるとき，彼女自身が苦しくなり，綱に自分の髪をくくりつけた。周りの人びとは心配したが，彼女は正気を取り戻し，再び救出に向かった。そして犠牲者を引き上げたが，この人はすでに死亡していた。

l. 第4号 no.17　共和暦第1年ブリュメール13日(1792年11月3日)
ヴェルタンの女市民ラリュエルは，市にもっていく品物が何もないのを見て，父が残した砲弾5個を取り出すと肩に担ぎ，マルセイエーズを歌いながら3里の道を運んだ。「私は，あの性悪なイギリス人たちのお年玉として，そして，共和国の栄光のために，これを運んできたのです」。

m. 第4号 no.23　日付なし
ペニエという女性は17年間にわたり，難病を患う母の看病に努めた。その妨げになるからと，自らの結婚も犠牲にしたのである。

n. 第5号(no なし)　1793年9月初め
中肉中背の一兵士が，派遣議員に休暇を願い出た。拒否されると，この兵士は自分が女であると明かした。ローズ・ブイヨンといい，夫の徴集の際，自分も貢献したいと乳のみ子を含む二人の子を母親に預け，義勇兵に志願したという。情報によれば，「この共和主義者の女性は3月以来，その働きぶりも際立っていた」。8月13日の戦闘で，夫が3発被弾し倒れたときも，自分の持ち場を離れなかった。彼女の言うには，「私が休暇を求めるのはただ，母として子どもたちの世話をしに行くためだけです」。休暇は認められ，帰途必要なものも彼女に与えられた。

『フランス共和主義者の英雄的・市民的行為録 *Recueil des actions héroïques et civiques*

a. 第1号 no.7　共和暦第2年フリメール3日(1793年11月23日)
極貧の一女性が，路上で25リーヴルのアシニアを見つけた。「窮迫していたにもかかわらず，彼女はそれを不可侵の預かりものと見た」。落とし主はすぐ見つかったが，これも貧しい人で，それを彼女と分かち合うことはできなかった。「この有徳の女性は，その純真な心に満足を得て引き下がった」。

b. 第1号 no.20　共和暦第2年ブリュメール(日付なし)
スペインとの戦いに際して，レイラックとその妻リベルテ・バローは，ともに擲弾兵として活躍した。兄弟の戦死を見ても，彼女は持ち場を離れなかった。夫が被弾したときも，「共和主義の徳が愛情に打ち勝った」。けれども敵が敗走すると，夫のもとに帰って看護した。「彼女は，男性だけのものに違いないと思われていたあらゆる徳を示したが，それでも，女性の徳を放棄したわけではなかったことを証明した」。

c. 第2号 no.5　1792年6月15日
ラヴァルで女たちが藁松明をつくり，油脂やタールに浸していた。旅人が何のためかと聞くと，「オーストリア人たちが私たちの家を占領する前に，家を焼くため」だと言う。家なしでどこへ行くつもりかとさらに問うと，彼女たちは石切場を指さした。

d. 第2号 no.8　1789年7月15日
バスティーユ攻撃のあと，ルイ・カペーが議会にやってきて，祖国や徳という言葉で，議員たちの歓心を買おうとした。ある女市民が，たった一人で制止を振り切り，カペーの前に進み出ると，こう言った。「あなたがしたことは十分誠実だったか。きれいごとの弁明も，新たな偽りではないか。今日もまた2週間前と同じではないのか」と。

e. 第2号 no.10　1789年8月13日
パリ近郊のヴォージュールが雹の被害にあい，落ち穂拾いの女性たちを困らせた。その隣のコミューンでは被害が少なかった。そこでそこの落ち穂拾いの女たちは，自分たちの領分であっても，ヴォージュールに隣接する一帯の落ち穂だけは，そこの女たちに委ねる，と決めた。

f. 第2号 no.25　1791年11月11日
ナンシー事件で死刑を宣告された兵士の一人が，処刑直前に逃げ出した。彼は3カ月のあいだ恋人に匿われた。彼女は，その父親が息子の消息をたずねてきたときも用心し，わが父だと断言する恋人の了解を得てはじめて，父親を息子のもとに連れていった。二人は双方の親の祝福を得て結婚し，夜の闇にまぎれて町を抜け出した。

g. 第3号 no.13　共和暦第2年ブリュメール25日(1793年11月15日)
女市民バルビエは，パリに穀物を運んでいく馬が見つからないと聞いて，こう叫んだ。「それならわが姉妹たち，袋をとり，パリの兄弟たちの所まで，私たちの背中に穀物を乗せていきましょう」。

〜三〇ほどの話が集められている。この『行為録』は、学校や軍隊、政治クラブや地方行政機関などで多くの人に読まれることを想定して、大量に印刷され配布された。人権宣言や憲法と並ぶ教育上の聖典として位置づけられ、ジャコバン時代の公教育政策を知るうえでも重要な史料である［天野 1998］。この小冊子のなかで、女性はどのようなかたちで紹介されるのであろうか。

女性の登場は全部で一四回、エピソード全体の一割程度を占めている。もとより数が多いとはいえず、英雄はあくまで男性が主体であった。だが、登場回数は少ないこの女性たちも、一覧にしてみると、意外な特徴が浮かび上がる。それは、家庭にこもり家族につくしたとして称賛されているのはｍの女性一人だけであり、他の多くは、男性顔負けの勇気や大胆な行動を讃えられていることである。女性兵士もいる。『行為録』の編纂・出版・配布は、女性の政治クラブを禁じる法令が出された一七九三年秋よりのちのことである。またそれ以前の一七九三年四月にはすでに、女性が軍隊に随行したり、兵役に就いたりすることは禁じられている。それなのに、これはどうしたわけであろうか。

一七九三〜九四年は、地名の変更や革命暦の採用にみられるように、生活の隅々にまで政治化が進んで公的領域を肥大化させ、私生活の部分を大きく浸食した時期であった。また、革命防衛戦争を勝ち抜くために一種の国民総動員がかけられ、老若男女を問わず、人びとの幅広い協力が求められた時期でもあった。女性たちも活発に行動した。一七九三年秋、革命家たちはこうした流れに歯止めをかけようとして、女性を私的空間の枠内に閉じ込めようとした。だが、戦争や政治闘争が依然緊迫した状況である限り、公的空間と私的空間のあいだに明確な境界線を引くことは不可能であった。戦争や政争が家庭生活にいつ飛び込んでくるかわからないようななかで、彼らは結局女性たちにも、高い政治意識をもって勇敢に行動するよう求めざるをえなかったのである。

そのことは、『行為録』のなかの女性像によく反映されている。例えばiのケースをみてみよう。「サン・ミリエの女傑」として何度も絵画に描かれ、演劇の題材にも取り上げられて有名になった女性である(図1)。戸口にあらわれた敵を前にして、火薬樽の上に座り、二挺のピストルを構えて、敵の手に落ちるくらいなら火薬を爆発させると言っている。彼女は子どもと一緒の死も辞さぬ、断固たる態度で敵と渡り合うのである。またbやnの女性たち(うちの一人は、その名も「自由」〈リベルテ〉と改めている)は、夫とともに前線に出て戦っている。しかも、夫が負傷しても持ち場を離れないほどの度胸の持ち主である。このように、『行為録』のなかの女性たちは、大胆に、勇気をもって、共和国のためにつくしている。そして、その点を高く評価されているのである。

それでもなお、彼女たちは良き妻であり良き母でもあった。『行為録』の女性兵士たちは、夫の看護や子どもの世話を忘れることはなかった。また、「サン・ミリエの女傑」も結局、敵を畏怖させることによって、幼い子どもたちを死と恐怖から救い出すけなげな母となった。革命家たちにとっては、むしろそれが何より重要であったといえよう。かたい政治的信念をもち、必要であれば勇敢な行動にでもするが、妻・母としての自覚を忘れることなく、どんなときにもその役割をしっかりとはたすことができる女性——彼らにとってはそれこそが、共和国の理想の女性像だったのである。

けれども、この理想像は革命家たちの意図を超えて成長した。というのも、例えばもし、「サン・ミリ

図１「サン・ミリエの女傑」(ドゥビュクール作)

出典：
図 1　Claude Langlois, Les dérives vendéennes de l'imaginaire révolutionnaire, *Annales E.S.C.*, 1988, p.776.
図 2　Jean-Baptist Duroselle, *L' Europe*, Paris, Perrin, 1990, p.319.
図 3　Chantal Georgel, *1848: La République et l'art vivant*, Paris, Fayard, 1998, p.46.

図 2 「民衆を率いる自由の女神」（ドラクロワ作）

図 3 「共和国」（ドーミエ作）

エの女傑」が銃を掲げて立ち上がり、子どもに向かって「私に続け、敵を討て」と叫んだとしたら、それはもうドラクロワの絵に描かれた「民衆を率いる自由の女神」そのものだからである。あと一歩を踏み出せば、『行為録』の女性たちは人びとの先頭に立って戦いを導く指導者になる(図1を図2や図3と比較)。そして、そのような意味において彼女たちは、「自由」や「理性」の女神の寓意像などとともに、フランス共和国のシンボル、マリアンヌの創出に貢献したのである。臨戦態勢の緊張感が日常生活に浸透し、政治的空間が拡大して公的領域と私的領域の境界が定まらなかった革命期、まさにその曖昧さのなかから、革命と共和主義を象徴する力強い女性像が生まれた。マリアンヌは意志強固な共和主義者であり、たくましき良き母であると同時に、祖国の子どもたちを導く戦いの女神でもあった。このようにフランス革命は、一方では女性に政治的権利の行使を拒み、家庭への封じ込めを宣告しながら、他方ではまた、人びとを従えて戦う女性のイメージをもつくりだしたのである。

おわりに

革命期において、女性たちはいつも男性たちとともにその場にいた。革命に先立ち、国王の施策に反対するグルノーブルの住民が起こした「屋根瓦の日」事件にも、賃金切下げの噂にパリの労働者が抗議して立ち上がったレヴェイヨン事件の際にも、バスティーユ襲撃にも彼女たちの姿があった。そして革命議会を傍聴し、当局に請願に押しかけ、政治クラブの議論にも加わった。だが、その数はつねに、男性に比べれば少なかった。男女両性に門戸を開いた政治クラブにおいて、女性が占めた割合は、一五~二五%である。さらに、数はもっと少なくなるが、より積極的な行動にでた女性たちもいた。ある者は民衆蜂起の先頭に立ち、ある者は女性の政治クラブを組織して活動した。一七九五年に投獄された民衆活動家のうち、女性の占める割合は一二〜一五％である。他方では、反革命にかかわった女性たちもいた。一七九二年から九四年においてパリで逮捕された反革命容疑者のうち、その一四％を女性が占めている［Godineau 2003: 220］。また、反乱地帯で難民化した人びとのなかには多くの女性がいたし、聖職者に課せられた厳しい試練は、修道女たちにも突きつけられたのである。

こうした女性たちの背後に、めだった行動は起こさなかったけれど、革命下の日々を懸命に生きた多くの女性たちがいた。彼女たちは、自然が女性に定めたとされる「役割」を受け入れ、家業のかたわら家事や子育てに従事した。女性には政治的権利を行使する能力がないと宣告されながら、父や夫や兄弟とともに新聞や雑誌の記事を読み聞きし、近隣の人びとと状況について語り合い、街頭でさまざまな演説がなされるのを見た。ときには、仲間と語らって当局に請願に出向いたりした。公的な祭典に参加して、行進したり、誓いを立てたり、合唱したりもした。そして日々、共和国が多様な女性の姿で表現されるのを目にした。さらには、制度や法がめまぐるしく変わり、数多くの新しい法令が出されたのを知った。そのなかには、相続における男女平等や離婚の承認のような、女性の人生に大きくかかわるものもあった。彼女たちにとっては、こうしたすべてのことが、社会の刷新と政治の実践を身近に感じる新しい経験であった。

女性が政治的権利を獲得し、男性と同等に活躍できるようになるにはまだ、長い年月が必要であった。何より革命自身が、それを明確に否定したのであるから。けれども、革命に続く二世紀のあいだ、その実現に向けて運動を展開した人びとに対して、革命下における女性たちの体験は、さまざまなかたちで重要な先例を提示したのである。

参考文献

Agulhon, Maurice, *Marianne au combat: L'imagerie et la symbolique républicaines de 1789 à 1880*, Paris, 1979.（阿河雄二郎・加藤克夫・上垣豊・長倉敏訳『フランス共和国の肖像――闘うマリアンヌ』ミネルヴァ書房、一九八九年）

Blanc, Olivier, *Une femme de libertés: Olympe de Gouges*, Paris, 1989.（辻村みよ子訳『女の人権宣言――フランス革命とオランプ・ドゥ・グージュの生涯』岩波書店、一九九五年）

Brive, Marie-France (sous la dir. de), *Les femmes et la Révolution française*, Toulouse, 1989–1991, 3vol.

Capdevila, Luc et al. (sous la dir. de), *Le genre face aux mutations*, Rennes, 2003.

Desan, Suzanne, Constitutional Amazons: Jacobin Women's Clubs in the French Revolution, in Ragan, B. T. Jr. and Williams, E. A. (eds.), *Re-Creating Authority in Revolutionary France*, Rutgers University Press, 1992.

Desan, Suzanne, *The Family on Trial in Revolutionary France*, California, 2004.

Duby, Georges et Perrot, Michelle (sous la dir. de), *Histoire des femmes en Occident: 4 Le XIXe siècle*, Paris, 1991.（杉村和子・志賀亮一監訳『女の歴史 Ⅳ　一九世紀⑴』藤原書店、一九九六年）

Elson-Roessler, Shirley, *Out of the Shadows: Women and Politics in the French Revolution, 1789–95*, New York, 1996.

Godineau, Dominique, *Citoyennes tricoteuses: Les femmes du peuple à Paris pendant la Révolution française*, Aix-en-Provence, 1988.

Godineau, Dominique, *Les femmes dans la société française, 16e–18e siècle*, Paris, 2003.

Gutwirth, Madelyn, *The Twilight of the Goddesses: Women and Representation in the French Revolutionary Era*, Rutgers University Press, 1992.

Hunt, Lynn, Révolution française et vie privée, dans Ariès, Philippe et Duby, Georges (sous la dir. de), *Histoire de la vie privée*, t. 4, Paris, 1985.

Hunt, Lynn, *Politics, Culture and Class in the French Revolution*, California University Press, 1984.（松浦義弘訳『フランス革命の政治文化』平凡社、一九八九年）

Hunt, Lynn, *The Family Romance of the French Revolution*, California University Press, 1992.（西川長夫・天野知恵子・平野千果子訳『フランス革命と家族ロマンス』平凡社、一九九九年）

Landes, Joan B., *Women and the Public Sphere in the Age of the French Revolution*, Cornell University Press, 1988.

Landes, Joan B., *Visualizing the Nation: Gender, Representation and Revolution in Eighteenth-Century France*, Cornell University Press, 2001.

Langlois, Claude, Les dérives vendéennes de l'imaginaire révolutionnaire, *Annales E.S.C.*, 1988, no. 3.

Lapied, Martine, La place des femmes dans la sociabilité et la vie politique locale en Provence et dans le Comtat Venaissin pendant la Révolution, *Provence historique*, 1996.

Lévy, Marie-Françoise (sous la dir. de), *L'enfant, la famille et la Révolution française*, Paris, 1990.

Marand-Fouquet, Catherine, *La femme au temps de la Révolution*, Paris, 1989.

Melzer, Sara E. and Rabine, Leslie W., *Rebel Daughters: Women and the French Revolution*, Oxford University Press, 1992.

Murphy, Gwénaël, Les religieuses et la Révolution française, dans Morin-Rotureau, Évelyne (sous la dir. de), *1789–1799: Combats de femmes*, Paris, 2003.

Outram, Dorinda, *The Body and the French Revolution: Sex, Class and Political Culture*, Yale University Press, 1989.（高

木勇夫訳『フランス革命と身体——性差・階級・政治文化』平凡社、一九九三年）
Perrot, Michelle, *Femmes publiques*, Paris, 1997.
Petitfrère, Claude, Femmes et Vendée, dans Morin-Rotureau, Évelyne (sous la dir. de), *1789–1799: Combats de femmes*, Paris, 2003.
Thomas, Chantal, *La reine scélérate: Marie-Antoinette dans les pamphlets*, Paris, 1989.
Veauvy, Christiane et Pisano, Laura, *Paroles oubliées: Les femmes et la construction de l'État-nation en France et en Italie 1789–1860*, Paris, 1997.
天野知恵子「一七九三年パリの革命婦人協会」（『史学雑誌』第九〇編第六号、一九八一年）
天野知恵子「フランス革命の「英雄たち」」（『和歌山大学教育学部紀要』人文科学、第四八集、一九九八年）
辻村みよ子・金城清子『人間の歴史を考える　8　女性の権利の歴史』岩波書店、一九九二年

第2章
三月革命期ドイツの女性運動

若尾祐司

はじめに

ドイツ社会主義女性運動の機関誌『平等』(一九〇六年)に、編集者クララ・ツェトキンは論説「一八四八・四九年ドイツ革命における女性解放の要求について」[Zetkin 1978:12–33]を掲載している。そのなかで彼女は、フランス革命と比較して、極めて厳しい評価を三月革命期ドイツの女性運動にくだしている。

すなわち、フランス革命の場合は、女性が先頭に立っていた。革命の開始を告げるバスティーユ攻撃に、テロワーニュ・ド・メリクールをはじめ多数のパリ女性が先頭にいた。彼女たち「自由のアマゾン族」は、ヴェルサイユに行進して国王と女王をパリに移し、八月の蜂起にも参加して王政の崩壊を導いた。パリと多くの県でアマゾン軍団が結成され、例えば一七九二年七月十四日にはボルドーで、その軍旗のもとに四〇〇〇人の若い娘たちが結集した。政治的同権と経済活動の自由を求める請願が国民議会に出され、オランプ・ド・グージュによって女性の権利宣言が発せられた。

これに対して、ドイツでは自由と同権を求める声は少数派に限られた。それも、ロマン派の影響下で「まずは完全に主観主義的な「心の解放」という美化された文学的祈り」に汲みつくされ、デモクラシーへの漠然たる思いにとどまった。もっとも著名な三人の「アマゾン」、アマリエ・フォン・シュトルーヴェ、マチルデ・アネッケ、エマ・ヘルヴェークについても同様である(以上の三名については[田村 1998:95–100]を参照)。彼女たちは勇気と信念をもって行動したが、全体としてみれば、「彼女たちを政治活動と革命闘争へと導いたもっとも強い要因は夫への愛だった。これを度外視しても、一八四八・四九年のドイツのアマゾン族は、行動というよりもコステュームであった」[Zetkin 1978:14]。要するに、彼女たちは闘士というよりも、たんなるお飾りにすぎなかった、というのである。

こうした評価は、三月革命の歴史研究にも反映している。これまで、女性の政治行動が歴史叙述の対象となることは、ほとんどなかった。せいぜい、バーデン革命における上記三名の女性や一八四八年三月十八日ベルリンのバリケード戦で倒れた一一名の女性が、エピソードとしてふれられる程度であった。しかし、女性史研究の本格的な開始とともに、ようやく一九八〇年代後半から、ヴュルテンベルクやウィーンの事例研究を筆頭とし、この分野の研究が始まっている。

もっとも代表的なものとして、ヴュルテンベルクの組織的な事例研究がある。そこからカローラ・リップは以下のような結論を提示している。第一に、女性の政治的学習プロセスは、すでに三月前期に、慈善協会、自由主義運動のなかでの協会活動、ドイツ・カトリックなどの自由信仰覚醒運動において始まっていた。第二に、たとえ議会・裁判傍聴や協会・人民集会参加、あるいは市民軍旗・三色旗縫いという消極的なかたちとはいえ、一八四八年にはじめて政治的公共性への大規模な女性参加がはたされた。第三に、独自の女性協会が成立し、とくに政治的な党派対立が激化した時期に、革命運動ないし民主派のネットワークを支え、政治犯や逮捕者を支援し、革命の政治をともに担った。つまり、「革命行動は男性たちの孤立的な政治的行為とみてはならない」「家族関係と政治的行為とのあいだには緊密な相互関係があった」と[Lipp 1986:9]。第四に、市民女性と下層女性とのあいだには政治行動にも違いがあり、後者は議会や革命祭典ではなく、前年の食糧暴動から一八四八年三月蜂起へと街頭行動の場にみられた、という。

こうした新しい研究成果を踏まえつつ、三月革命一五〇周年記念の論集でザビーネ・キーニッツは、以下のように整理している[Kienitz 1998:272–285]。第一に、たしかにフランス革命期の女性革命家と比べれば、三月革命期ドイツ女性の政治的役割はめだたない。しかし第二に、両者を単純に同列において比較することはできない。なぜなら、フランス革命に続く復古期の歴史体験により、ドイツでは女性の政治関与のあり方が根本的に変化し、市民女性の活動はその日常生活と結びつけられた。したがって第三に、一八四八年三月の外国製品ボイコット・ドイツ製品購入運動から市庁舎での旗縫い、さらには憲法闘争での民主派支援活動へと、「最後まで女性たちはその力を唯一かつもっぱら男性の利益に仕えるかたちで示す」ことになった[Kienitz 1998:284]。この点で、たしかに消極的ではあるが、こうした女性の参加は男性の政治活動に「尊厳」を与え、明らかにジェンダーの境界線を越えるものだった、と。

三月革命期ドイツにおける、市民女性の集団的行動はフランス製の高級布地ボイコット運動に始まった。

フランス・ヘゲモニーへのトラウマとナショナルな経済的利害関係が、そこには反映していた。「自由と統一」を課題とした、この三月革命をとおして、ジェンダーの境界線を越える試みは、どのように実行されていったのか。隣国フランスにおける革命期以来の女性の権利主張をめぐる帰趨を横目に見ながら、政治的に出遅れたドイツ語圏において、女性の権利主張はどのようなかたちで押し出されていったのか。

その典型例として本章で、ドイツ語圏最初の『女性新聞』の発行者であるルイーゼ・オットー(以下ではルイーゼと略記)を取り上げたい。一八九五年に七十六歳直前でなくなる彼女の長い生涯のなかでも、三月革命との関連で、一八四〇年代から『女性新聞』の発行・停刊にいたる一八五二年までを対象とする。以下、まず彼女の生立ちと公共圏への登場をみ、そのうえで革命期の政治的主張と行動の特徴を追っていく。彼女の論説類は、末尾の文献に示したトヴェルマン、メールマン、ヨーレスの編著に再録されている。それらのテキストの検討に、ここでの作業は限られる。

1　反動体制期の女子教育

ルイーゼ・オットーの生立ちと年譜

最初にルイーゼの生立ちを概観しておこう。彼女は一八一九年三月二十六日、六人の兄弟姉妹の最後の子どもとしてマイセンに生まれる。双子の二人は死亡し、四人姉妹の末子であった。父は裁判所勤務の司法官であり、母は陶芸絵師の娘で、地方都市の上層階級に属していた。

一八三〇年パリの七月革命後には、ドイツ諸邦でも政治的な関心が高まり、その影響を受けて彼女は三一年に最初の詩作をおこなう。この年の年末に、一八一一年生まれの長姉クレメンティーネを結核で失う。さらに、その四年後には五十四歳の母を、翌年六十歳の父をともに結核で失う。両親を失ったオットー家の三姉妹は、弁護士オットー・リンドナーの後見のもとにおかれた。

ここで、あらかじめ彼女の年譜を一八五二年まで示しておこう(以下は[Joeres 1983:33, 53-55]から整理)。

一八一九年　マイセンに生まれる
一八三一年　王子フリードリヒを見て最初の詩作。長姉クレメンティーネの死
一八三五年　母の死
一八三六年　父の死。三人の姉妹は弁護士の後見のもとに
一八三八年　ザクセンで男性後見法の廃止
一八三九年　ザクセン―ドレスデン間の鉄道開通。次女アントニー結婚してエルツ山地のエーデランへ
一八四〇年　エーデランの姉訪問(一月)。三女フランツィスカ結婚してミュールベルクへ(五月)。叔母とマイセンの家で生活。ドレスデンの弁護士で詩人グスタフ・ミュラーと知り合い婚約(七月)
一八四一年　ミュラーの死(五月)
一八四二年　『マイセン公益週報』にはじめて詩の公表。ドレスデンでヴェーゼ博士の講演
一八四三年　男性名オットー・シュテルンでエルンスト・カイル編『吾が惑星』に文芸論説や「ヴェー

ゼ講演批評」を発表(一、二月)。小説『ルートヴィヒ・給仕』の公刊。本名でロベルト・ブルム編『ザクセン祖国紙』に論説。両誌に引き続き論説

一八四四年　小説『カティンカ』。ドレスデンのドイツ・カトリック司祭ヨハネス・ロンゲの説教に出席

一八四五年　短編小説『新時代から』。小説『友人』。はじめての一人旅でテューリンゲン、ヴェストファーレン、ブラウンシュヴァイクをまわる。帰途ザクセンの王位継承者に反対する民衆の衝突に出会い証人に

一八四六年　小説『宮殿と工場』。その報酬でラウジッツの織布工村落やロンゲとブレスラウへ旅。夏にライプツィヒのゴーリスへ引越し、カイルに会う

一八四七年　小説『ローマ人とドイツ人』。詩集『ドイツ娘の歌』。夏場はゴーリスに暮しブルムに会う

一八四八年　三月革命とカールスバード決議の破棄。『ライプツィヒ労働者新聞』への論説とくに「ドイツ娘の上申書」。政治家や労働者代表の訪問を受ける。ブルムの射殺(十一月)

一八四九年　エーデラン訪問中にアウグスト・ペータスと会う(一月)。詩集『西に向かって』。『女性新聞』第一号グローカンハインで発行(四月)。ドレスデン蜂起(五月)。ペータスがバーデン蜂起で逮捕(七月)

一八五〇年　ザクセン出版法(オットー法)、女性の雑誌編集禁止

一八五一年　労働者協会禁止。『女性新聞』はゲラに移り続刊

一八五二年　『女性新聞』停刊。小説『四姉妹』ほか

以上の年譜が示すように、たんに反動と進歩のせめぎあいという時代の荒波のみならず、家族関係や愛情関係での厳しい運命を、ルイーゼは若い時代に体験している。それにもかかわらず、彼女は二十代前半の公共圏への登場から『女性新聞』の停刊にいたる三十三歳までに、二一〜四巻からなる小説八、短編小説・詩集四など、文芸作品をたゆみなく世に送り出した。のみならず、いくつかの雑誌に政治論説を数多く書いている。そうした若きルイーゼの文芸的・政治的エネルギーの爆発を導いたものは何であったか。まず、彼女を公共圏へと導いた要因をみておこう。

決定的な要因として強調されるのは家庭環境である。雑誌『平等』二三巻一二号(一九一三年)は、マチルデ・ヴルムの手になるオットーの伝記を掲載している[Twellmann 1972:27–28 に再録]。それによれば、オットー家の親子関係は従属的ではなく、娘たちは両親を親称の「ドゥー」で呼んだ。成長した娘たちに父は、世界を知るように、女性も知識を得るようにと、多数の雑誌・新聞を購読して読ませた、という。

自由で解放的な家庭という見方は、ルイーゼの伝記に共通している。レクラム版『ドイツ三月前期の女性解放 テキストと記録』を編集したメールマンも、この一家の「時代を超えた特異性」を強調している。つまり、上層市民の父たちが娘の教育に努力することは例外ではないとしても、オットー家のように政治に関心が向けられるのは、十九世紀には考えられないことだった、と[Möhrmann 1980:253]。この一家の話題は、もっぱらシラーの自由詩、ギリシア、フランス革命であり、この家庭での影響により十二歳にも満たないときに、ルイーゼは政治詩をつくったのであった。ツェトキンは、「若く有能で活動的な娘の道程は、両親の家庭から一直線に、気骨はあるが小市民的な制約のうちにある民主主義者ロベルト・ブルムの世界を導いた」と指摘している[Zetkin 1978:112]。

もちろん、ツェトキンのいうような単純な一直線はありえない。むしろ、解放的な父の存在というよりも、その父と家庭を若くして失ったことが彼女の男性観と女性解放戦略にとり、いっそう決定的な意味をもったと思われる。父の死により、父の考えを実践することが現実の問題になったからである。

司法官の父は、女性の財産法上の地位にも重大な関心を寄せていた。一八三一年ザクセン憲法の公布にともない、男性後見制を破棄する法案が準備されたとき娘たちに、女性も成人として行為能力をもつことになると説明し祝った、という[Twellmann 1972:27]。この父を失い、両親を失《な》くして二人の姉も未成年のため、オットー家の三姉妹は法的には弁護士の後見下におかれた。しかし、父の教えに従い、三姉妹は一緒に暮して財産の共同管理をおこなった。こうした、事実上の経済的な自立により、公共的活動は男性特有のものではなく、人間一般の問題であることが実践的に意識されたのである。

以上のような、解放的な家庭の存在、しかもその家庭の消失による経済的自立の保証という出発状況において、ルイーゼの解放への出発点は他の女性とは大きく異なっている。三月前期に解放を求めた女性の出発点は、たいてい「便宜結婚」に、満たされない結婚関係にあった。ルイーゼの娘時代には、そうした性の抑圧は欠けていた。彼女にとっては性の抑圧よりも、精神の抑圧が基本的な問題であった。

小都市の女子教育

晩年の一八八八年に、ルイーゼは自分の学校時代を振り返って記している。彼女が六歳のとき、マイセンの女子学校は一校だけで、それ以外は男女共学の貧民学校が一つあるにすぎなかった。裕福な市民は家庭教師を、できればフランス人の女教師を雇った。共同して教師を雇う例もあり、オットー家はその例であった。オットー家の自宅の三階に神学候補生が雇われ、そこには彼の寝室と小部屋二つ、そして教室用の大部屋一つがあった。四姉妹のほかにも四〜六人の女子と、それ以上の数の男子が一緒になって、ギムナジウム採用試験という「高い目標」に向かって授業を受けた。「この学校で注目すべきは、男子と女子が一緒だったのみならず、六〜十四歳の子どもがすべて一緒に同じ部屋で一人の教師により、授業や世話を受けたことである」[Joeres 1983: 43–45]。

四姉妹のなかでも長姉のクレメンティーネは優秀で、ラテン語やギリシア語の試験も男子より好成績で合格し、「残念だ。男だったら」と言われていた。彼女は引き続き勉学を望んだが、許されたのはフランス語、ピアノ、歌、スケッチ、編み物、ダンスに限られた。この二十一歳でなくなった長姉のおかげで、ルイーゼはまだ読み書きもできない頃から詩を暗誦し、四姉妹は毎日、庭や部屋でシラーを読み演じていた、という。

末子のルイーゼが九歳のとき、姉たちはすべて堅信礼を終え、自宅のこの学校は不要になった。すでに、その二年前から市の男子校に任用された校長が、女子も受け入れて、五クラス制の充実した学校へと改革をおこなっていた。最上級の第一学年のみ男女別で、それまでは男女共学であった。採用試験でルイーゼは一挙に第二学年に受け入れられ、その後一八三〇年に第一学年に進級する。クラス規模は一五人ほどで、正書法・音楽・歴史・宗教、そして数学・地理・自然科学は校長が教えた。宗教の授業は神学候補生の担当であり、「彼は正統派の痕跡をいっさい残すことなく、むしろ啓蒙と情熱を結びつけ、もっとも純粋なキリスト教学と愛情、および当時支配的であったナショナリズムの精神において授業をおこなった。私の生涯を通じて、宗教への懐疑に陥ることがなかったのは、この授業のおかげである」[Joeres 1983:45]と振り返っている。

最上級の女子クラスは、男子クラスよりも成績が良く、校長もこの女子クラスの授業を楽しみにしていた。だが、一八三三年の復活祭にルイーゼは十四歳となり、堅信礼とともに学校生活は終わりを告げる。これに耐えがたく、ルイーゼは両親に申し出て、ともかく一年、余分に学校に残った。しかし、それ以上残ることはできない。自分たちよりもできの悪かった男子生徒が、自分たちを追い抜き見下げるたびに憤慨し、女性の能力向上を認めない事態に、すでに当時から強く抗議し始めていた、と回想している[Joeres 1983:46–47]。

以上のように、ルイーゼは六歳から十歳まで男女共学で、十一歳から十五歳まで女子クラスで男子クラスと対抗心をもって学んでいる。この一〇年間をとおして、午前八時~十二時、日曜日と水曜日を除き午後も二時~四時の徹底した学校生活・学校教育であり、しかも男子に負けない女子の学力を経験している。この学校教育が、女子に対してのみ中断されることに対し強い憤りを秘めつつ、その制約の枠内で編み物を学び、十代の後半は編み物と読書に沈潜し、三姉妹の共同生活で両親を失った痛みを癒したのであった。

2　公共圏への突破

男性仮名使用の「策略」

二十代にはいり、ルイーゼは公共圏への突破を一挙に開始する。そこには、ライプツィヒ出版業界と民主的傾向の編集者の存在という、ウィーン反動体制の検閲制度のもとでも、ルイーゼにとり比較的に恵まれた条件が存在していた。

もちろん、二十二、三歳まで、なお準備期間があった。三姉妹は母方の叔母とともに、夏場はマイセンから四時間の田舎シュパールのブドウ畑で過ごした。両親が遺したものであり、この地でルイーゼは自然観察と詩作、そして人間性と自由の思考にひたった。そして、一八四〇年の一月、織物工業地帯のエルツ山地に嫁いだ姉アントニーの家を訪れ、自分の生涯を方向づける決定的な体験をする。

すなわち、厳しい寒さのなか、寝つかれないでうとうとしていた早朝の四時、隣室の人びとが階段をおりていくのを聞いた。雪の道を工場まで一時間以上かけ、多くの者が朝食抜きで仕事に出かけていく。ルイーゼはエルツ山地プロレタリアの貧困とともに、工場主の贅沢と侮蔑的態度をつぶさに見た。この体験が彼女を、世間離れした詩人から労働者の苦しみを理解する闘士へと変える。社会主義や共産主義といった言葉を知る前に、搾取の現場体験がその後の彼女を方向づけた、とヴルムは指摘している［Twellmann 1972:28］。この体験は、のちの小説『宮殿と工場』で描かれている。

この時期、二人の姉はそれぞれ司法官および薬剤師と結婚し、ルイーゼは叔母と二人の暮しとなる。その直後、ドレスデンの弁護士で詩人のミュラーと知り合い、婚約した。家族・親族のアレンジ婚約ではなく、完全な自由恋愛である。しかし、この親密な相手をルイーゼは、またも肺の病で失ってしまう。もっとも慕っていた長姉、両親、そして今また婚約者の喪失というたびかさなる打撃は、彼女の全エネルギーを内向きの暮しから外向きへと、一挙に転換させたように思われる。

一八四二年に詩の投稿によって、彼女ははじめて公共の前に出た。そして翌年、親族の紹介でライプツィヒの出版社アドルフ・ヴィーンブレークから、準備していた最初の小説を刊行することができた。これらは、いずれも実名である。これに対して、カイルの編集する『吾が惑星』には、オットー・シュテルンという男性名で同年一月に文芸論説、そして二月に最初の政治論説となる「ヴェーゼ講演批評」が発表される。この政治論説と同趣旨の主張は、ブルムの編集する『ザクセン祖国紙』に同年九月、今回は実名で出される。

詩作や小説といった文芸的公共性から文芸・社会・政治批評の政治的公共性とのあいだには、ジェンダーの大きな壁が立ちはだかっていた。男性仮名の使用は、この壁を乗り越える戦術であった。この事情をルイーゼ自身が一八四五年八月、『吾が惑星』の後継誌『惑星』に、「文筆活動のなかで私ははじめて私自身について述べる」とし、以下のように記している。少し長い引用になるが、そこにはジェンダーのバリアを自覚しつつ、それを乗り越えていくルイーゼの生き方がもっともよく示されている。

私は新しい文献、とくにジャーナリストの出版物に十分に目をとおし、それらが固有の特質として、もっぱら男性のみによって書かれていることを意識した。小説や詩はたしかに女性の手で書かれているが、こうしたものだけでは私には不満だった。女性の編集するジャーナルはあったが、それらは日常の本来の関心事とは無縁であった。しかし、こうした日常の関心事こそ、抗しがたく私を文筆活動へと促していた。私は一人であること、そのことが私を不安にした。このことを私は白状する。なんらかの政治問題に関する論説に女性の名を見るならば、だれもその論説を読みはしない。自分の書物の書評が女性の手で書かれるなら、その批評を彼は一笑に付すだけである。女性によるなんらかの文芸・社会・政治の提案を読むならば、人は嘲笑するのみである。そう私は自分に何千回も言い聞かせた。……

それゆえ、私に他の方法は残されていなかった。私は男性名を選ばねばならず、オットー・シュテルンの名で書いた。このオットー・シュテルンに対し、検閲官とあちこちの上流出版のほかは、その名前があまり問題にされなかった当初も、またのちになって私であることが知られるようになってからも、だれも平気であった。私はわがジャーナリスト仲間すべてに、この小さな策略を成功させてくれたことを感謝する。この策略は不必要であったかもしれない。なぜなら、のちに『ザクセン祖国紙』に自分の名前でオットー・シュテルンと同じ見解を同じかたちで主張したとき、少なくとも平民出版や自由党派は私をばかにするのではなく、親愛の手を差し伸べてくれたからである。もちろん、他の党派の評価はまったく別であった。ともかく、男性の名の影に隠れることを促した、女性の不安を許していただきたい。なぜなら、私が女性だからというのでジャーナリストの戦場への入場を許されないか、あるいは一笑に付されて追い出されるのであれば、すべてが失われてしまったからである。[Joeres 1983:85-86]

以上のように、二十代にはいったルイーゼは、ジェンダーの境界を越える政治的公共性への突破を、十分に慎重な準備をかさね、男性名使用という「策略」をもってはたした。それでは、このスタートラインでのルイーゼの政治的見解は、いかなるものであったのか。

一八四三年の三つの政治論説

まず、男性名での二月論説は、最初に「解放」と自由の時代の到来を主張する。「われわれの時代にあっては「解放」という言葉が時代のスローガンであり、古く障害となった制度から新しい自由な制度へとすべてが抜け出ていく」[Joeres 1983:71]。この時代表象は、鉄道に象徴される「運動」(Bewegung)のイメージとかさなり合っていた。そして、「こうした自立的発展への湧き上がる情熱のなかで、女の性のみはほとんど忘却されている」と、時代に取り残された女性の現状を指摘する。問題は女性の声をどのように代弁するのか。この点で、サン゠シモン派に批判の矢が向けられる。

女性のための代弁者があれば、といってもだれも異を唱えはすまい。だが、「女性の解放」を「肉体の解放」と並んで主張する者はそうした代弁者を拒絶している。少なくともドイツの女性は、サン゠シモン派の「自由な女」(femme libre)の恥知らずな像からは目をそらす。この女性解放の叫びは、女性自身が解放と名づけるもののなかでも極端なものであり、女性にも肉体の解放を望む。女性の新しい代弁者が望むのは、むしろ彼女たちの精神の解放である。あの危険な方向は、女性の真の友人たちだれもが残念に思うだけであろう。［Joeres 1983:72］

こうした批判のうえで、この「進歩の時代」に、「われわれ、より強い性は知性の階段を、個人的かつ普遍的な自由の階段を一歩一歩登っていくことを望み、わがもう一つの性には、この歩みを許さないのか」と問われる。のみならず、母の世代とは異なり、娘の世代は正書法・計算・外国語などの教育を受けており、「十九世紀の女性の進歩」があること。また、いっさいの障害にもかかわらず豊かに才能を発揮した女性たちは、少数派で孤立していたが、その高い精神生活は周囲の環境から受ける不快感を癒すものだった、と指摘される［Joeres 1983:72-73］。

以上のように、ルイーゼの政治的言論の出発点は、男性名で男性読者に向かって、女性の「精神の解放」への、すなわち「進歩の時代」に取り残されないよう共同の歩みへの支援の訴えであった。この訴えは、サン＝シモン派の「肉体の解放」論に対する批判と表裏一体であった。なぜなら、「肉体の解放」＝性の自由の主張は、男性のみならず女性にも受け入れられず、結果的に女性の進歩への道を閉ざしてしまう、極端な考え方だからである。

以上の男性名での主張から九月論説の女性名（実名）へ、性は変わっても主張の内容に変化はない。九月論説は、ブルムが提起した「国家への女性の関係」という問題への応答である。ルイーゼは、もっと多数の男性に発言してほしいと前置きしつつ、「私の課題はただ女性の立場から、女性の感情をもってこの問題を考えることにある」とする。そして、二月論説とはトーンを変えて、女性の論説というだけでの非難を意識しつつ、柔らかい表現で女性の自由＝政治参加が主張される。「ハイマート（郷土）。この言葉はまさしく女性にとり大切なものである。なぜなら女性は、狭い範囲で静かに暮すよう指定されており、目では追えても歩みでは追いついていけない、すばやく動く男性の生活に合わせられるようにはなっていないからである。感情の内面性、女性の場合に否定されえないこの内面性が、私たちをハイマートに結びつける。どんなに教養なき者にあっても燃えつづける、このハイマート愛の火花は、ほんの少しの自由な知性の空気があれば祖国愛の炎へと燃え広がる。祖国を愛する者は、人民（Volk）を愛さないことがあろうか。祖国と人民を愛する者は、人民がどうなるかを問う権利をもたないことがありえようか。だとすれば、一人の女性に祖国を愛する権利を否定することはだれにもできない」［Joeres 1983：75］。女性が一国のなかにもつ地位こそ、その国がいかに自由であるかの基準であると、ルイーゼは結んでいる。

女性にとって最大の問題は精神的解放であり、そのための「ほんの少しの知性の空気」である。同年十一月『ザクセン祖国紙』の論説「政治と自由」［Joeres 1983：77–80］でルイーゼは、憲法体制下のザクセンでは他の諸国とは異なり、女性の議会傍聴が許されていることを特筆する。だが、その政治的な関心は低いままにとどまっている。その原因を、女子教育とくに職業教育の欠落に求め、以下のように述べる。「わが学校では、女性が十四歳までに理解することのできる、すべてのことが教えられる」。しかし、そのあとが問題である。知識を得る必要を知り、学問的関心への愛情をいだき始め、親が言うことすべてを盲目的に聞くのではなく、自立して考え始める年齢で、女性の教育は完成したとみなされる。そのあとは、ダンスとフランス語、そしてピアノと美しく装うことに心を奪われ、「有益な知識で精神を豊かにする時間を失う」のである。「これが慣行と習俗のすべてであり、そこから逸脱するものを世間は非女性的と呼ぶ。娘は優れた主婦になるだけなのか。まだ辛抱するのか。しかし、娘たちの教育プランで主婦をめざすのはまれである。むしろ、人形に育てられるのである。娘たちは、その専門それ自身を学ぶのではなく、それによって世間で輝くために学ぶのであり、男性の人形につくりあげられるのである」[Joeres 1983:79]。

こうした現状に対して、ルイーゼは女性の政治意識を育むために、三つの課題をあげる。第一は、学校の世界史教育である。支配者や戦争の「死んだ百科事典」としてではなく、「永遠の必然性と結びついた有機的全体」としての「世界史の精神」と現代史の教育である。第二は、堅信礼で終わりにせず、女子にも上級教育への道を開くことである。そして第三に、「女性は生涯をとおして自由に行動することを学びかつ許されるべきである」。そのためには、まず個人の教養が重要である。なぜなら、自立心のみが自立した行動を導くからである、と主張する[Joeres 1983:79–80]。

娘一人旅の敢行

この第三の点をルイーゼは、娘一人旅は危険と制止する叔母の反対を振り切って、身をもって実行した。ハイマートから広い世界への、ジェンダーの空間的な境界越えである。一八三九年ザクセン鉄道時代の幕開けを、ルイーゼはまさしく進歩と運動の時代の象徴として歓迎した。ドレスデン—ライプツィヒ間の鉄道利用にも慣れていた彼女は、小説『友人』で得た報酬を資金とし、馬車でテューリンゲンの森を通り抜けてカッセルに出、ヴェーザー川を船でくだり、ハノーファーから鉄道でブラウンシュヴァイクを通ってライプツィヒに戻る、二十四歳の娘一人旅に出た。この旅のきっかけは、ドレスデンの上級司書官グスタフ・クレムと知り合い、彼から何度も外に出て世界を見渡すよう進言されたことにあった。ルイーゼ・オットーの回想によれば、クレムは「私のドイツ進歩思想のため、すでに当時、女性市民(Bürgerin)ルイーゼ・オットーと呼び」「手紙にいつも「敬愛する女性市民」と書いてくれていた」。そこで、「自立の旅をしてみよう」と思い立ち、マイセンを旅立ったのであった[Joeres 1983:87]。

この一八七六年の回想『ドイツ女性生活』で、ルイーゼは旅のできごとを詳細に述べている[Joeres 1983:87–96に一部再録]。例えば、テューリンゲンの森でのできごとである。御者を頼んでも、「主人はどこだ」と交渉は難航したこと。高貴な紳士に危うく誘惑されそうになり、「品なく私たちを遊びものとする観点でのみ私たちを見る男性への憤慨」から、眠られぬ夜を過ごしたこと。転倒した馬車から、たくましい女性と若者たちに助け出され、「どこでも支援の手と親しい言葉」に満ちた「民衆(Volk)の素晴らしさ」を実感したことなどである[Joeres 1983:91–92]。

この旅の最後に、ライプツィヒでルイーゼは民衆蜂起の現場に居合わせた。ロンゲのドイツ・カトリック運動を支持し、ドイツ・カトリック教会の第一回集会をブルムが計画した。これを政府は禁止し、民衆と軍隊の衝突を招いた。ルイーゼはこの衝突の証人として法廷に立った。もちろん、すでにロンゲの説教を聞き、ブルム編『ザクセン祖国紙』の寄稿者であったルイーゼは、民衆行動の側にあった。そのため、当局からロンゲやブルムの一派として厳しく目をつけられることになる。

この時期、一八四三年から四六年まで、『ルートヴィヒ・給仕』に始まり『宮殿と工場』にいたる労働者生活の実態に目をすえた作品により、ルイーゼは「傾向小説」作家として文芸的公共性のなかに地歩を築き上げた。これにより、体制変革を求める男性知識層のなかに広く支持者と知己を得た。一八三一年ザクセン憲法に始まるザクセンの相対的に自由な空気と工業化の進展が、ここでは反動体制を批判する進歩的な運動に独自の基盤を与えていた。ドレスデンのロンゲとクレム、そして進歩的編集者のカイルとブルムら、三月前期のドイツ諸邦では例外的な厚い「平民」ジャーナリズムに支えられて、ルイーゼは政治的公共性とともに広い世界へと境界越えをはたしたのである。かくてドイツの女性運動は、ルイーゼとともに一八四三年に始まった、といってよいであろう。

3　一八四八・四九年革命と女性解放

女性の「自立的地位」をめざして

革命前夜の一八四七年、ブルムの編集する雑誌『前進』第五巻にルイーゼ論説「国家生活への女性参加」[Möhrmann 1980:45–53;Twellmann 1972:10–15]が発表された。この論説は、それまでの彼女の文筆活動を集約し、国家と社会における女性の「自立的地位」を訴える、綱領的な宣言であった。そこで第一に問われたのは、女性の教育と教養である。一八四三年十一月論説の現状告発が再度持ち出され、「無知で軽薄なおしゃれ人形」から「真に国民的で時代にふさわしいドイツ女性」を、という主張である。ここでは、女性教育の課題として世界史と自然教育に加え、新たに体育が強調されている。

第二に、新しい女子教育は「上層の財産ある諸身分」にとどまらず、下層の諸身分にも押し広げられる。ルイーゼは市民層の階級分離線を明確に乗り越える。「人民についての私の理解は、わが自由主義者の多くがいうような、いわゆる教養ある「市民・農民」身分だけではない。いわゆる「貧民」(Pöbel)も私はこれに含める」と。「貧民」のイメージは、貧しいがゆえに無知で乱暴な民衆である。こうした下層の民にも政治的権利は認められるのか。この問題に、ルイーゼはつぎのように答える。「「貧民」という言葉が避けられないから、わが人民は現実には、まだ成人ではないことを私は認める」。しかし、貧民という言葉は同権を認めない蔑称であり、この言葉をいつまでも使う限り、一般的な「人民の権利」ではなく「ブルジョワの権利」のみを認め、プロレタリアの権利を認めないことになる。そうすれば、ちょうど現在、貴族の権利に対抗して「ブルジョワ」が登場しているように、いずれブルジョワに対立してプロレタリアがあらわれる。だが、「貧民を破棄すれば、その時はこない。人民の教育により、わが人民の一階級に不名誉な名前をつけることをできなくすればよいのである。したがって、教育について語るなら、とくに下層階級の教育を考慮すべきである。下層階級こそもっとも困窮しているからである」と[Möhrmann 1980:50–51]。まさしく、教育の貧困による権利排除という点で下層階級と女性は同一平面で把握される。両者の共通課題として教育に基づく自立心があり、そこから性差と階級差を超え、人民一般の政治的権利が主張されるのである。

第三に、とくに下層の女子にとって、教育の目的は高等な教養というよりも、「パンを稼ぐことのできる技能や知識を獲得する」ことにある[Möhrmann 1980:52]。現実に女性が自分で生計を立てることは極めて困難であり、編み物や縫い物の仕事も一日五新グロッシェン程度である。それ以外の技能を娘たちが修得することはまれである。ありうる唯一の手段は、外国語教育によって家庭教師か教育者になることである。だが、祖国で仕事を見つけるために、まず外国に行かねばというのは屈辱的である。自分で生計を立てられない以上、娘たちは「自分を見苦しくなく養うことのできる一人の男に自分を売り、そのかわりに彼のために家(Hauswesen)の面倒をみる」。この「婚姻の貶《おとし》め」は、だれに責任があるのか。こうしたことを強いる母親か、それともこれに従う娘の側か。否、そうではなく、両者にこれを強いる社会こそが問われるべきである。女教師への教育や、また「女性の手に似つかわしい商業の事務能力」など、「娘たちが知識を得、生活のなかで自立的地位をもつ機会を得るならこうはならない」[Twellmann 1972:14]。このように、教育による女性の自活能力こそ、女性の尊厳性確保と婚姻の自然なあり方の基本であることが強調される。

したがって、結論的に上層か下層かにかかわらず、すべての女性の共通課題として経済的および精神的自立が主張される。「ドイツの女性は自立しなければならない。そうしてのみ、国家の義務を正しくはたす力をもつ。こうした自立性は個人の教養によってのみ促される。なぜなら自立心のみが、自立的行為を促すからである」[Twellmann 1972:14]。

そして最後に、解放への呼びかけが発せられる。

ドイツの兄弟たちよ。ドイツ女性の権利のために闘いを。もはや自分たちのなかに未成人を認めたくないなら、精神的に成人となるように女性にも支援の手を差し伸べよ。

そしてドイツの姉妹たちよ。現在の輝かしい日々に目覚めよ。わが全人民は、その権利のために闘う。

祖国は聖なる要求を私たちに課していることを忘れるな。なお夢見ている姉妹たち、目覚めよ。娘たちを人民の尊厳ある同伴者へと教育しよう。[Twellmann 1972:15]

革命の嵐のなかで

すでに、自由と解放を求める呼びかけは発せられていた。時は熟し、ドイツ全土に革命の予感は広まっていた。一八四八年二月パリ労働者蜂起の知らせは、ドイツ諸邦を一挙に革命の炎のなかに投じた。ザクセンでも緊張が高まるなか、三月十三日に内閣は総退陣し、新しい三月内閣に変わった。ブルムは「ドイツ祖国協会」を設立し、その組織化をザクセン全土に呼びかけた。祖国協会は各都市で数百人から一〇〇〇人を超える規模で急速に広がり、手工業者・労働者層の組織化が進展し、労働者新聞が発行された(ザクセン革命の経緯については村上俊介論文、的場・高草木編、一一三〜一五二頁、所収を参照)。

ルイーゼが革命の嵐を知ったのは、エルツ山地の姉を訪問中で、誕生日のことであった。早速、手縫いの黒赤金の三色旗をつくり、手紙の端にも三色の印をつけ、マイセンの自宅に戻ったときに三色旗をはためかせた、という。さて、何をするのか。のちの回想[Joeres 1983:64–65に一部再録]でルイーゼは語っている。すでに女性新聞・女性協会の着想はあったが、日々の新しい事態・課題のために、これに取りかかる余裕はなかった。そこで、署名を集めることもなく単独で、「一人の娘の上申書」をザクセンの新内閣とその労働委員会に宛てた、と。

この上申書[Möhrmann 1980:199–202]でルイーゼは、もっぱら女性労働者問題を訴えた。「わが時代の大きな課題である労働の組織化を問題にするなら、男性のための労働の組織だけでは不十分である。女性にも労働を組織しなければならないことを忘れないでほしい」と。労働者階級にあっては、女性も男性と同じように日々のパンのために働かねばならず、しかも女性の仕事の種類は少なく、賃金も低い。

労働関係の規制を使命とする皆さん、この弱い性のことを考えてください。自分自身で助けることのできない弱い性は、この支援をあなた方に、より強い性に要求する権利をもつのです。女性工場労働者、日雇い女性、縫い子などを忘れないでください。彼女たちの稼ぎと彼女たちの苦しみを問うてください。あなた方の支援を彼女たちが、いかに必要としているかわかるでしょう。

この上申書は予想外の大反響を得た。労働者新聞はじめ多数の新聞に転載され、ザクセン内閣と労働委員会、そして邦議会でも取り上げられた。ヴルムの伝記記述によれば、政府代表が彼女の私宅を訪れ、ドレスデンやマイセンの労働者も彼女の家を訪れて支援を求めた。とくに、ドレスデン労働者の信頼は厚く、彼女に祖国協会設立のイニシアティヴが要請された。しかし、法律上で禁止されていたため、ルイーゼ自身が祖国協会を率いることはなかった。いずれにせよ、彼女は政治運動の只中にあり、選挙や民主的新聞の創設を支援し、また民主的な女性協会の組織化をめざして各層の女性に働きかけた。そうした活動のさなかに、またも厳しい打撃にみまわれる。ザクセン選出のフランクフルト国会議員となっていた同志ブルムが、ウィーン反動によって十一月に殺害される。この痛みを癒すため、ルイーゼは長い時間を要した［Twellmann 1972:30］。

ウィーンにおける反動の勝利は、一八四八年革命の決定的な転換点であった。反動攻勢が強まるなかで年が明け、一八四九年一月末にルイーゼは前年より知り合っていた手工業者出身の民主派詩人で官吏のアウグスト・ペータスと、姉の住むエルツ山地訪問中に出会う。二人は同志として、反動に対抗して共同の道を歩み始める。

『女性新聞』の発刊

ルイーゼはザクセンの周辺地グローセンハインにようやく出版社を見つけ、相続遺産の一部を使って四月二十一日付『女性新聞』の刊行に漕ぎ着けた。その巻頭におかれた「綱領」[Twellmann 1972:34-35]は、「いつの時代も、そしてとくに現在の歴史は教える。自ら考えることを忘れた者は、他者からも忘れ去られる」と、ルイーゼが繰り返し提示してきたモットーに始まる。そして、自由と人間性の理念に基づき、全人類の半分を占める女性の職業教育(ausbilden)の権利および「国家のなかでの成人と自立の権利」を訴えたうえで、以下の二点を強調している。第一は、「女性を男性のカリカチュアに貶め、「女性解放」という言葉に悪評を与えてしまった」、いわゆる「解放主義者」への批判であり、これとの立場の違いの明示である。第二に、この新聞の目的は「女性の権利のために闘う」ことにある。この場合、何よりも「圧迫された貧しい女性」の声が重要であり、彼女たちの投稿により「彼女たちの問題を公共の前に持ち出し、そうして第一に彼女たちが支援を得る」ことこそ最大の関心事である、と。

この『女性新聞』発刊の時期、ザクセンではフランクフルト憲法の裁可を求める邦議会と国王との対立が深まっていた。四月末には国王が議会を解散し、自由主義内閣は総退陣する。五月三日から九日にかけ、プロイセン支援下の政府軍と市民軍の軍事衝突となり、多数の死者を出して市民軍は敗北した。これと前後し、西南ドイツのプファルツからバーデンへと民主派の憲法闘争は広がり、臨時政府が成立した。民主派の女性協会もライン・マイン川流域で一〇以上結成され、例えばマインツの民主派組織は男性三〇〇〇人、女性一六〇〇人以上を数えた、といわれる[Wettengel 1998:145]。五月二十四日設立のマインツの女性協会フマニアは、民主派の義勇軍を支援するため毎週寄金三〇〇グルデン以上を集め、「闘争に出て行った男性たちのあとに残された者たちを支え、また闘争自体を助けるために、肌着類・衣類・包帯の援助」をおこなうと翌日付『マインツ週報』は報じている[Hummel-Haasis 1982:268]。しかし、女性の支援を受けた民主派義勇軍も、プロイセン支援下の反革命軍には抗しがたく、革命派の最後の拠点ラシュタット要塞は七月二十三日に降伏し、革命の季節は終わりを告げたのであった。

この時期、「自由の国へと女性市民を募る」を掲げ、ルイーゼは『女性新聞』で女性問題のみならず、憲法闘争と連動し民主派の闘いを知らせた。恋人ペータスはバーデン蜂起に参加し、ラシュタット要塞陥落とともに囚われの身となる。民主派の敗北後は、政治囚の状況を詳しく伝えた。そのため、『女性新聞』は差押え、聴聞、家宅捜査、さまざまな都市での追放といった当局側の圧迫を受けた。そして、一八五〇年にはいってザクセン出版法は、女性の雑誌編集を禁止した。これをルイーゼは、自分に向けられた「オットー法」と名づけた。ルイーゼは発行地を移し、自らは編集部をおりて刊行を続けた。同時に、民主派への言論弾圧が強まるなか、収監中のペータスとの婚約をはたした。

同年十一月二十三日付『女性新聞』の論説「永遠の女らしさ」でルイーゼは、男女の同権を主張する者は女を男に合わせることを求めているという「俗物と反動の無理解」に対して、以下のように批判している。すなわち、男女は神の手により完全に対等に創られているが、肉体的特質の差異は精神生活にもあてはまる。この差異の調節は、それぞれの特質をもつ両者が合一することにより、一つの全体を構成することによりはたされる。生活のより高次の問題すべてについて、女性と男性は完全に対等であり、男性と同じ自由をもって女性は、一般のなかでかつ一般のために、また自分の職業教育のために、活動できるべきである。しかし、「女性の解放のための闘争に際し問題なのは、まさしく真の女性らしさを救い出すことである。男性たちによってかたちづくられ、女の性だけでなく人類のすべてのよき部分が患っている、あの一面的な知性専制主義(Verstandesdespotismus)からの解放である。神の手から女性に譲られたものを、冷たい野蛮な優越に抗して全面的に実現すること、これこそ私たちが求める崇高で美しい目的である」と[Twellman 1972:36]。

労働者協会が禁止され、政治的な言論の弾圧がいっそう強まるなか、『女性新聞』はテーマを女性問題に絞り込み、言論戦を継続した。だが、最終的に一八五二年には停刊をよぎなくされる。ルイーゼは政治的言論の放棄を強いられ、そのエネルギーを小説の創作活動に集中し、獄中の婚約者ペータスを支えながら反動の時代を生き延びた。ペータスは一八五八年に出獄し、ようやく二人は結婚生活を得た。それも、一八六三年ペータスの死まで、短い期間のことであった。

おわりに

フランス革命期における女性の権利要求は、オランプ・ド・グージュの処刑に象徴されるように、革命派男性の手によって葬り去られた。ドイツ語圏におけるロマン派女性の自由な結婚行動も、完全に孤立した現象であり、社会的非難のなかで彼女たちは見捨てられた。そしてウィーン体制下の反動期、ナポレオン民法典の家族モデルに従って、近代的な性別分離に基づくジェンダーの壁が、例えばギムナジウムなど性別教育システムの整備により制度化されていった。だが、鉄道に象徴される新技術と結びついた社会的ダイナミズムとともに、時代表象は「進歩」イメージ——明暗の両義性をともないつつ——にそって大きく動き始める。これと平行して一八四〇年代、女性の同権を求める声が再び大きな高まりをみせたのであった。

その代表者としてツェトキンは、ルイーゼ・オットーとフロラ・トリスタンの二人をあげる。そして、両者の生涯を比較しつつ、ルイーゼの平坦な市民性を批判している。たしかに、スペイン系の南米植民者一族の出である父を早くになくし、パリの労働者地区で育ったトリスタンの激しくも短い嵐の生涯と比べれば、ルイーゼのそれは「閉ざされた市民的ミリューのなかで、おだやかに前進する発展と保証された業績という、平和な田園詩」[Zetkin 1978:116]といっても過言ではないだろう。トリスタンは若くして結婚に失敗して夫から逃れ、父方の遺産相続をめぐり単身ペルーに渡り、パリに戻って子どもの親権をめぐり別居した夫と争い、夫の犯罪行為と収監によってようやくこの問題から解放され、社会問題への文筆に専念した。そして、一八四三年『労働者連合』の著作で、労働者の連帯と女性の同権を主張してフランス全土に組織化の旅をおこない、翌年四十一歳でなくなった。その生涯と比べれば、ルイーゼの言論と行動は、いかにも慎ましやかにみえる。

だが、両者の生活世界の差異を無視した単純な比較は、遅れてきた者の固有の困難性をみない、ないものねだりに終わってしまう。パリはフランス革命以来、世界史的事件の中心地である。この中心地から遠く隔たった小都市マイセンの生活世界に出発し、ライプツィヒ―ドレスデン鉄道の新時代にふれながら、フランスとは異なり女性の政治的発言が皆無のドイツ語圏のなかでルイーゼは、一歩一歩この状態を突破していったのである。

それを可能にしたのは、第一に彼女の家庭環境であり、第二にザクセン王国、とりわけライプツィヒやドレスデンの自由な政治的空気と「平民」言論界の存在であった。男性後見制が破棄されたザクセン王国において、両親を失ったルイーゼは遺産相続人として経済的に自立したこと。そして、エルツ山地での女性労働者との出会いから、「傾向小説」作家として文芸的公共性のなかに地歩を確保したこと。同時に、周到に準備して政治的公共性への進出をはたし、市民(Bürger)と対等な女性市民として進歩的男性たちから認知されたこと。以上の諸点が、ルイーゼの男女同権論への立脚点であった。

この立脚点から、ルイーゼが見据えた男女同権化への筋道は明確であり、かつ一貫している。すなわち、何よりも問題は男女の現実のキャリア格差にある。その基盤は、教育システムの違いである。女子教育は十四歳で終わり、その後、女性は男性の「人形」に仕立て上げられる。そのうえに、女性の低賃金と結婚依存、そして政治的公共性からの女性排除が軌道づけられている。この軌道修正は、したがって女子教育の改革に始まる。何よりも重要なのは、十四歳以降の女子の職業教育であり、これによる女性労働者の経済的自立である。女性の経済的自立によってはじめて、結婚は「扶養施設」であることをやめ、愛情結婚のイデーが現実のものとなる。こうして、経済的自立に基づく自立心によって、女性も政治的公共性を、すなわち女性市民としての責任を担うことができる。まさしく、女性解放の課題は「精神の解放」にあり、サン＝シモン派が主張する「肉体の解放」は、「解放」概念を歪めるものとして最初から峻拒されたのである。

それでは、この女性の解放戦略は、いかにして実現されるのか。その出発点は、女性労働者の現実に対し、政治的関心を喚起することにあった。だが、「平民」ジャーナリズムを含め、政治的公共性はもっぱら男性の手にある以上、男性の支援を得ることなしに、女性(労働者)問題への世論形成は不可能である。ルイーゼが前面に押し出した、「弱き性」と「強き性」という男女の二項図式は、この支持を得るためのレトリックであった、と解してよいであろう。組織化の進む男性労働者の支援・連携なしに、女性労働者の権利への闘いは、いかなる展望ももちえなかったからである。

もちろん、女性の権利は女性自身の手によって闘いとらねばならない。女性労働者自身が自ら考え、政治的公共圏に声を発しなければならない。「自ら考えることを忘れた者は、他者からも忘れ去られる」は、ルイーゼの一貫したモットーであった。このモットーのもと、憲法闘争から反動期にかけ、厳しい政治的弾圧のなかで『女性新聞』の刊行が継続されたのである。

女性労働者に焦点をあてつつ、女性の同権要求を展開したルイーゼの言論と行動に象徴される三月革命期ドイツの女性運動は、決してたんなるエピソードにとどまるものではない。それは、一八五〇年代の政治的抑圧の時代を超えて、六〇年代には女性の職業教育と経済的自立支援を求める、組織的な女性運動として蘇生する。その先頭に、再びルイーゼが立っていた。

ルイーゼが直面したのは、本格的な工業化と階級分化の始動という、フランス革命期とは異なる歴史局面での女性問題であった。家政に替わる市場経済社会のなかで、いかにして女性は「自立的地位」を獲得するのか。広くいえば、この今日なお未決の課題に対する解放戦略を、三月革命期ドイツの女性運動は先駆的に提示することができたのである。

参考文献

Dipper, Chr. und Speck, U. (Hg.), *1848: Revolution in Deutschland*, Frankfurt a. M., 1998.

Grubitzsch, Helga u. a.(Hg.), *Grenzgängerinnen. Revolutionäre Frauen im 18. und 19. Jahrhundert*, Düsseldorf, 1985.

Hummel-Haasis, Gerlinde(Hg.), *Schwestern zerreißt eure Ketten. Zeugnisse zur Geschichte der Frauen in der Revolution von 1848/49*, München, 1982.

Joeres, Ruth-Ellen Boetcher(Hg.), *Die Anfänge der deutschen Frauenbewegung. Louise Otto-Peters*, Frankfurt a. M., 1983.

Kienitz, Sabine, Frauen, in Dipper, Chr. und Speck, U. (Hg.), *op. cit.*, S.272–285.

Lipp, Carola(Hg.), *Schimpfende Weiber und patriotische Jungfrauen. Frauen im Vormärz und in der Revolution 1848/49*, Baden-Baden, 1986.

Möhrmann, Renate(Hg.), *Frauenemanzipation im deutschen Vormärz. Texte und Dokumente*, Stuttgart, 1980.

Müller, Sabrina, *Soldaten in der deutschen Revolution von 1848/49*, Paderborn, 1999.
Siemann, Wolfram, *Die deutsche Revolution von 1848/49*, Frankfurt a. M., 1985.
Twellmann, Margrit(Hg.), *Die Deutsche Frauenbewegung. Ihre Anfänge und erste Entwicklung. Quellen 1843–1889*, Meisenheim, 1972.
Wettengel, Michael, Frankfurt und die Rhein-Main-Region, in Dipper, Chr. und Speck, U. (Hg.), *op. cit.*, S.130–151.
Zetkin, Clara, *Zur Geschichte der proletarischen Frauenbewegung Deutschlands*, Frankfurt a. M., 1978.
加藤節子『一八四八年の女性群像』法政大学出版局、一九九五年
田村雲供『近代ドイツ女性史——市民社会・女性・ナショナリズム』阿吽社、一九九八年
的場昭弘・高草木光一編『一八四八年革命の射程』御茶の水書房、一九九八年
山井敏章『ドイツ初期労働者運動史研究』未来社、一九九三年
若尾祐司『近代ドイツの結婚と家族』名古屋大学出版会、一九九六年

第Ⅱ部

市場社会化と女性の公共圏

第3章

南北戦争期の社会的ネットワークと女性の公共圏

田中きく代

はじめに

アメリカ合衆国が独立革命で提示した共和国のイデー、「自由・平等・幸福の追求」、なかでも「自由」は、「理念の国」の国是として、アメリカン・ナショナリズムを規定してきた。本章では、独立直後から南北戦争をへて十九世紀末までの時代、とくにジャクソニアン期から南北戦争にいたる時代に、この「自由」の概念が、アメリカにおける十九世紀ナショナリズムが形成される過程で、アメリカ人を峻別する装置のなかにいかに組み込まれたのか。ことにそれが、一般に私的領域とされてきた「家」あるいは「家庭」にいかに具体化されたのか。また、そのなかで女性がはたした役割はいかなるものであったのか。当時、新たに成立しつつあった「社会的コミュニティ」と、そこでの女性による連帯のネットワークを検証することで考察したい。

1 連帯によるsociety空間の出現

民衆自決による「参加的民主主義」の進展

ところで、十九世紀の第二四半世紀は、一般の庶民に政治参加を促すことで、積極的に国民形成、あるいは国家への国民の統合が促進された時代であるが、一九六〇年代以降のアメリカ政治史では、この十九世紀ナショナリズムの発露の時代を、「政党の時代」、「ロッジ民主主義」、あるいは政治参加における「黄金時代」の到来ととらえてきた[Wiebe 1995;McGerr 1986]。ニュー・ポリティカル・ヒストリーのウィリアム・E・ジェナップは、この時代における民衆自決による民主主義の進展を高く評価して、「南北戦争前の時代のほうが、その後のいかなる時代よりも、政治が人びとの日常でずっと重要な存在であった」と述べている[Gienapp 1987]。政党制度がはじめて地域の隅々にまで広げられ、全国的な党大会も開始された。北部では白人男性のみとはいえ普通選挙制度が施行された。選挙母体が急速に拡大・変質したことは、民衆の政治参加の指標である投票行動に顕著にあらわれた。

しかし、アメリカの政治史は、この「黄金時代」説を共通の理解とすると同時に、他方で民衆の政治参加の実態を分析して、政治参加には限界があったことも見出してきた[Altschuler 2000]。「市場革命」と称される経済的転換期であり[Sellers 1991]、その影響が人びとの日常にまでおよぶようになった時代である。コミュニティの再編といった大変革のなかに投げ込まれた人びとが、政治を個人の生存手段と考えるようになったとしても、その行為を純粋に自主的な政治参加と評価できるとは限らないとされた。また、この新しい経済的秩序に見合ったナショナリズムの形成過程で、国民として国家に統合されていく人びとの政治的行為は、公的領域への「再封建化」という従属でしかないという批判も強力であった。「黄金時代」の是非を問う論争によって、そこに醸成された多様で複層的な政治文化の諸相が見出せるようになったが、この時期の政治参加に関する論争は依然として決着をみていない。

アメリカ政治史の将来は、「参加的民主主義」の「政治参加」と「国民統合」という両側面を包括する新たなフレームワークの構築にかかっているが、そのためには、フォルミサーノが主張するように[Formisano 1999]、このフレームワークに、当時に選挙権をもたなかった人びとをどのように組み込むかが鍵となる。「黄金時代」説は、二大政党制度や選挙や議会といった狭義の政治制度の分析から始まったから、当初は選挙権を獲得した二十一歳以上の白人男性を直接の研究対象としていた。その後しだいに社会史や文化史の影響を受けて政治の概念を拡大し、選挙権を獲得していなかった黒人(アフリカ系アメリカ人)やネイティブ・アメリカンの人たちへも問題関心が広げられてきたが、それらの研究の主眼はマイノリティの人びとが政治参加をはたしていたかどうかではなく、それから排除されていたことにあった。

マイノリティとしての女性に注目した政治史も、選挙権に象徴される女性の基本的権利の獲得に、その焦点がおかれていた。一九八〇年代にはいると、ギンズバーグが述べるように[Ginzberg 1990]、女性の慈善や改革の運動などを政治参加の範疇《はんちゅう》におき、参政権以外の女性のさまざまな連帯の活動を、公的領域における政治参加だと考えるようになった。コミュニティのなかで、あるいはコミュニティを超えていく女性による連帯を、その私的性格にのみ注目するのではなく、女性が独自の公的生活を自らつくりあげていった「場」であると解釈し、女性のコミュニティにおける公共のための奉仕を政治参加であるととらえるようになったのである。アメリカ政治史のみならず女性史も、ユルゲン・ハーバーマスの『公共性の構造転換』などの影響を受けてより広い公共圏を射程におくことが可能になったのである[Calhoun 1992]。

今後は、十九世紀における女性のこうした政治参加を「参加」と「統合」のフレームワークのなかで正当に評価し、当時の政治史の文脈に位置づけることで、女性を生きた歴史的存在として解放しなければならない。それは国民形成にみる「自由」という政治理念を、「家」と関係づけることで、この時代の「男もいる女もいる」全体の歴史をみようとすることである。

新たな「社会的コミュニティ」の成立と女性の絆による連帯

ジャクソニアン期から南北戦争の時代は、アメリカが局地的な経済に基づく社会から、全国規模の経済に基づく社会へと変貌していった時代である。そこでは、人びとがいだいてきた植民地時代以来のジェントリ的共同体のアイデンティティが揺るがされ、新たなアイデンティティの構築による、「社会的コミュニティ」と名づけられる新たなコミュニティが形成されていった[Wiebe 1995]。この「社会的コミュニティ」への新たな帰属意識は、「自由」の独立した形態として認識され始めた「家」という単位に基づいていたが、この個別の「家」を私的空間とする新たな意識は、集団意識として外へと向かうとき、「家」と「外界」(world)とのあいだに、「家」の集合としての内なる世界、we(私たち)の世界、すなわち「世間」とか「仲間の空間」を認識し始めた。これが、小文字のsociety(以後、「ソサイアティ」と表記)といえる空間であり、「家」の延長という意味では私的領域としての様相をみせるが、「外界」と接する場でもあるため公的領域とての様相もみせ、公的領域と私的領域が絡み合っている空間である[Isenberg 1998]。

さて、この「社会的コミュニティ」に帰属意識をもち始めた人びとは、その過程で、アレクシス・ド・トクヴィルが『アメリカの民主政治』のなかで指摘しているように、男性のみならず女性の連帯組織をつくりあげた。これらは、フラタニティとかソロリティといった社交クラブにとどまらない。日常的な井戸端会議の類から全国組織のものまでさまざまで、その数はおびただしいものであった。例えば、女性の連帯の場合、奴隷制廃止や禁酒主義や教育改革のような社会改革運動、孤児院・救貧院活動などの慈善活動のほかに、日常的には祈りの会、読書クラブ、裁縫の会などがあげられる。

こうした女性の連帯運動は、公的領域と私的領域が絡み合っている「ソサイアティ」空間で展開されたがゆえに、運動自体にも公的なものと私的なものが混在している。このことが、従来、女性の連帯運動の公的性格をわかりづらいものにしてきたが、その公的性格は、何よりも女性の絆による連帯が、個々のコミュニティを結合させたのみならず、それを超えて、コミュニティを繋いでいく連帯意識を生み出したことにある。また、この女性による連帯意識、すなわち「ソサイアティ」空間での帰属意識が、選挙権は男性に限定されていたとはいえ、全国的に樹立されていった政党制度の基盤を支え、それがナショナルな意識として集約されたときに、アメリカではなかなか育ちにくかった共通の中産階級的意識を少なくとも北部で醸成させたのである。

「孤児列車」が語ること

そこで、まず、こうした「ソサイアティ」空間で活動した女性慈善家に注目し、その慈善活動の一つの例示として、「孤児列車」にふれたい。「孤児列車」とは、東部の都会の街角にたむろする貧窮児童を救済するために民間で実施された慈善事業で、「プレイシング・アウト」と呼ばれるように、西方の農民家庭に委託する一種の里親制度のことである〔Holt 1992〕。この意味では社会福祉の萌芽ともされる。「孤児列車」は、移民が最初に居住した地域であるニューヨークのロアー・イーストサイド、なかでももっとも貧窮度の高い地域であったとされるファイブ・ポイントで、宣教師チャールズ・ブレイスと、彼が設立したニューヨーク児童援助協会(Children's Aid Society in New York)によって実施されたものである。これは都会での孤児(両親がいたり、片親がいる子どもが多く含まれた)救済の一環として一八五四年に開始され、賛同者によってニューディール直前まで継続されたが、開始直後から、この児童援助協会はまたたく間に全米に広がり、「孤児列車」のネットワークを形成した。その全国的な救済事業の広がりは、その一部であるが図1の委託先をみてもわかる。また、「孤児列車」は児童援助協会のみならず、それ以外の慈善団体も模倣するものとなった。全国的に児童救済の最良の方法とみなされたからである。

ところで、この慈善活動の実際の担い手の多くは、中産階級の女性であった。都会では、子どもに自助能力をもたせるための実務教育、宗教教育に従事し、ときにはエージェントとして汽車に乗って、西部の町まで連れて行く役目にも携わっている。「孤児列車」自体への歴史的関心は、労働力移動の歴史、家族史、子ども史(子ども労働の発見)、移民史・エスニック関係史、都市史・コミュニティ史、西部史、心性史

アイオワ 6,675
アイダホ 52
アラスカ 136
アラバマ 39
イリノイ 9,172
インディアナ 3,955
インディアン·テリトリー 59
ヴァージニア 1,634
ウェストヴァージニア 149
ヴェルモント 262
オクラホマ 95
オハイオ 7,272
オレゴン 90
カナダ 566
カリフォルニア 168
カンザス 4,150
ケンタッキー 212
コネティカット 1,588
コロラド 1,563
コロンビア 172
サウスカロライナ 191
サウスダコタ 43
ジョージア 317
テキサス 1,327
テネシー 233
デラウェア 833
ニューヨーク 33,053
ニュージャージー 4,977
ニューメキシコ 1
ニューハンプシャー 136
ネヴァダ 59
ネブラスカ 3,442
ノースカロライナ 144
ノースダコタ 975
フロリダ 400
ペンシルヴェニア 2,679
マサチューセッツ 375
ミシガン 5,326
ミシシッピ 240
ミズーリ 6,088
ミネソタ 3,258
メイン 43
メリーランド 563
モンタナ 83
ユタ 31
ルイジアナ 79
ロードアイランド 340
ワシントン 231

図1　1910年までの州別委託数　年次ごとの報告書には，アリゾナ1件が含まれる。また，アメリカ合衆国とカナダ以外の委託先は除かれている。

出典：Jeanne M. Bracken(ed.), *The Orphan Trains: Leaving the Cities Behind*, Massachusetts, 1997, p.9.

など多岐にわたる領域を交差するものであり[Trattner 1974; Boyer 1978; 田中 2000]、ジェンダー、人種・エスニシティ、階級、世帯のそれぞれにかかわるものである。ここでは紙幅の都合上、研究史では、社会制御と社会改革の両方の側面から、マージナルなものへの対処の問題がそれぞれの領域で考察されてきたと指摘するにとどめざるをえないものの、社会改革として女性慈善家がいだいた、浮浪の孤児を、「よきアメリカ人」に育てるという理念に注目する。

家庭性による改革

図2の「孤児列車」の説明図は、長期にわたって児童援助協会の年次報告書の裏カバーに掲載されて全国に配布されたものであるが、一八七三年に『ハーパーズ・ニュー・マンスリー・マガジン』誌にも転載された。子どもを汽車で西方の農村家庭に委託し、独立の自営農民として育てようとする、「孤児列車」事業の孤児救済の理念を描写したものである。ここには、当時流行していた「家庭性による改革」(domestic reform)の概念が埋め込まれているが、これは、フロンティアを美化する伝統的な気風と新たな家族観を理想化して結合させたもので、怠惰は罪であり、勤労によってのみ人間を向上させうるのだという信念が、西方への憧憬とかさなっている。独立心にあふれた農村生活のもたらす徳を賛美し、施設ではなく委託先の優れた農民家庭でプロテスタントとして育てられることで、子どもは救済されるのだという考えには、家庭での母親による子どもの訓育を強調するヴィクトリア朝的家族観が織り込まれており、子どもにブルジョワ的価値観を内面化させようとする姿勢がみえる。

図2　ニューヨーク児童援助協会による「孤児列車」事業
図の上段右より，「都会の街角でたむろする孤児」，「援助の手をさしのべる篤志家」（上段左），「汽車で西方へ」（中段），「市営農民の家庭へ委託」（下段右），「優れた自営農民のアメリカ人に成長」（下段左）。
出典：*Annual Report of Children's Aid Society in New York, 1854–1927: Harper's New Monthly Magazine*, Aug. 1873 より作成。

なぜ十九世紀中頃に、「孤児列車」が受け入れられたのか、この理由も一言では説明できないが、ここでは国民国家形成の過程で高揚したナショナリズムの問題と無関係ではないと述べておきたい。大陸を横断する鉄道こそが、アメリカは一つの大陸国家であるという主張を象徴しているが、その列車で西方へ送られた子どもたちは、アメリカを東部から西部まで結びつける象徴的役割、アメリカ人とはだれか、アメリカ人はどうあらねばならないのかを西方に伝える役割を担い、アメリカ人は一つであるという国民意識の形成に応える実践的任務を背負っていたからである。

2　十九世紀アメリカニズムにみる自由土地所有と「家」

独立の自営農民であること

さて、「孤児列車」にみられた、農村への憧憬をいかにとらえるべきだろうか。現在多くの歴史家は、自由土地所有に焦点をあて、独立の自営農民の視点からアメリカ史をとらえなおそうとしているが、その際自営農民の政治的重要性とともに、ときにはそれ以上に社会的重要性を強調している。つまり、建国期からしだいにホームステッドとして白人の占有者に土地を付与したことは、白人男性の家長あるいは将来の家長に選挙権資格という政治的な手段を与えたものであるが、それ以上に社会的な安寧を与えたことが注目される。当時の農民の所有地が比較的小規模であることが一般に指摘されるが、それは、生産手段としての農地と住まう「家」をもつことによる独立が、より多くの人びとと家族に比較的平等に与えられたことを意味し、同じ独立という「自由」を有する人びとからなる近隣の存在こそが、「自由」を守る砦と認識されていたのである[Foner 1998; Kulikoff 1992]。

この土地所有に関する、自営農民として「自由」を獲得したいという農本主義(あるいは農本主義的共和主義)的な願望が、農村への憧憬の背後にあるが、ジャクソニアン期になると、それは時代の急変からくる隷属化への恐怖心と結びつき、よりいっそう土地に対する自然権の回復が期待されるようになった。土地すなわち「家」を入手する可能性が西方にあることが当時に重要視されたことは、アップルビィが強調するように、ハドソン川流派の風景画が当時もてはやされたことにも証左がある[Appleby 2000]。また、政党政治において、自由土地所有のフリーソイル懸案が重視されつづけ、ホームステッド法として法制化されるが、その際の土地の広さの制限とか、ホームステッドの家産負債免除法にみられる平等性は、土地や「家」を守ることで、人民主権という、分子化された主権の平等性を守ろうとしたものであることを物語っている[Wiebe 1975]。

ところで、男子普通選挙制度の普及は、選挙権資格から土地を切り離したわけであるが、このことは、土地に関する憧憬を衰えさせるどころか、さらにイデオロギー化を促進させることになった。それは、アメリカ人は独立の自営農民になることで、「自由」の実現を広げる運命を与えられているのだという「明白なる天命思想」と結びつき、自らを頼りに前進し、困難に立ち向かうという独立心、自分をつくり変えることができるという信念を強化することになった。この国民的なイデオロギーが、アメリカの十九世紀ナショナリズムの根幹をなしているが、農地を所有するしないにかかわらず、土地すなわち「家」に、

「自由」ひいては主権が組み込まれて認識され、それがアメリカを特別視するものとなった。当時の多くの文学作品のなかで「家」を建てるのがモティーフとして多いのも、このことを証明している。

「共和国の母」と「女性の領域」

つぎに、この土地すなわち「家」を重視するアメリカニズムに、女性がいかにかかわっているかを考えてみなければならない。そこで、まず、「家」の内側を覗いて、そこに築かれた私的空間としての家庭と女性に話を転じたいが、近代化による女性のシャドー化のテーゼは、アメリカ合衆国の場合にも、中産階級の白人女性、とくに都市部の女性にあてはめることができる。独立革命期に不買運動などで政治参加をはたした女性が、独立後、公的領域から徐々に排除されていき、家庭という聖域に押し込められていったことは定説化されているが、例えば、リンダ・カーバーは独立期から建国期の女性の役割を、批判的に「共和国の母」として概念化している[Kerber 1980]。彼女は、神聖な家庭の中心にあって、女性は、子どもとくに息子たちを共和国の構成員にふさわしい人間に育て上げるという重要な任務を与えられた。だから、女性も男性と異なるとはいえ、市民としての位置を与えられることになったが、公共のために働く市民を育てるために、母親は美徳を身につけなければならないという道徳性が求められ、家庭性に基づいて女性のジェンダーが道徳的面での集団的価値を守る性とされたことを指摘している。

また、ジャクソニアン期になると、ナンシー・コットが主張したように[Cott 1977]、男性は公的領域に、女性は私的領域にという領域分けが生じ、「外界」と競合する役割を男性に、子育てなどが女性にという役割分担が生じた。女性は無私で愛他的な存在として、それまで以上に家庭的であることが求められるようになるが、ここにだれが土地、「家」あるいは、家庭を「所有」する「自由」をもつかという判断、すなわちだれがアメリカ人にふさわしいかという判断が加わることで、性差による上下関係が成立した。これは、ジャン・ルイスの「共和国の妻」の概念ともかさなるが、そこでは、理想的な家族関係において、女性は美徳を備える存在でなければならなかったと批判された。男性が夫として家長で経済的な稼ぎ手、女性は妻として従属するパートナーであるという役割分担が前提とされている。また、バーバラ・ウェルターによる「真の女性」には、敬虔、純潔、家庭性、従順という四つの美徳が求められたとされるが、この概念も女性のシャドー化という定説を説明するものであった。

建国期から、とくにジャクソニアン期からの「女性の領域」の出現は、「家」が従来の共同体的コミュニティから個別に独立し始めたことと無縁ではない。家族は「外界」に対する「分子化された主権」の一つの単位となり、その単位のなかで、「外界」と競合する役割と家庭のプライバシー空間での役割が分離し、ヴィクトリア朝的家族観が強調されるようになったわけである。このことは中産階級の女性が「家」の外でキャリアをつくりにくくなったことを意味した。主権が一般の庶民に拡散される過程で、公共性がアメリカ人たる判断基準として現実化されたときに、公共圏へのかかわりで性差による主従の差異が生じたとされる。西漸運動の深化や、国家や州によるライセンス制の浸透も、それをさらに促進させた。例えば、医療のような専門職のみならず、商店の経営などにも、ライセンスというかたちで国家や州が規制をかけ始めた時代において、女性の従来の仕事であった産婆の仕事は産科医の補助的な仕事になったし、村の雑貨店の経営も女性のみでは難しくなった。

主体的な政治的存在としての女性

だが、「政治参加」であったにしろ、「国民統合」であったにしろ、白人男性が選挙権を行使することで政治にかかわりをもつようになった時代、「政治がすべてであった」社会において、女性は政治や社会から実際に無縁の存在でありえたのか。もちろん、否である。それでは、女性はどのようなかかわり方をしたのか、あるいはどのようにかかわることを求められていたのか。

「黄金時代」説によって、参加主義的民主主義が問題視され始めた一九六〇年代からすでに、女性の政治や社会へのかかわりは、多くの女性が禁酒主義運動や奴隷制廃止運動のような社会改革運動に積極的に参加していたこと、またその参加した領域が広範囲にわたることに注目することで、政治史の分野でも理解され始めてはいた[McCormick 1966]。しかし、一九八〇年代までの関心は、奴隷制廃止運動にかかわったグリムケ姉妹や、精神病院設立運動を展開したディックスに代表されるような著名な女性活動家とその支持者に重きがおかれ、コミュニティで無数の「普通の女性」による団体が生まれたことに、向けられることはなかった。また、女性による、奴隷制廃止運動、禁酒主義運動のみならず、救貧などの慈善活動、売春撲滅などの社会浄化の運動は、社会改革運動としてとらえられても、それは信仰復興運動の一環として教会活動の枠のなかで考えられる傾向にもあった[Howe 1991]。

もっとも、政治史において、女性による教会活動の政治への影響力が無視されたわけではないが、女性の活動は副次的なものとしてとらえられた。つまり、それらは女性個人のこととして取り上げられず、家族の意志として夫の意志と結びつけられがちであった。また、女性が党大会へ出席していたことは周知であったが、そこでは男性のエスコートを必要とする存在として認識され、男性の引立て役であって、独立した政治的存在であるとはみなされなかった。従来のフェミニストによる歴史学の立場からみても、こうした女性の存在は構造的にネガティブにとらえざるをえなかったし、「女性の領域」の概念化を重視した女性史としても、女性のこうした政治的あり方を批判すべきものとして受け取らざるをえなかった。

しかし、一九八〇年代、とくに一九九〇年代にはいると、女性の活動への評価が政治史の分野でも一変した。ポーラ・ベーカーによると[Baker 1999]、中産階級の女性の多くは、選挙権を行使すること、公職に就くことを除けば、党大会、市民集会などあらゆる政治活動に参加して、発言もする存在であったことが発見された。ことに第三政党の場合は、女性が演壇に立って政治演説をした例も多いという。もっと日常的な事例としては、男女の若者による「政治クラブ」では、政治が話題の中心であったほどである[Altschuler 2000]。実際、祈りの会や裁縫の会にしても、たんなる社交の場であるだけではなく、より高次の活動の日常的基盤でもあった。

かくして今後の研究では、アメリカ合衆国史のなかに、このようなさまざまな政治的存在としての女性を正当に位置づけること、すなわち、この時代の歴史的文脈のなかで「男もいる女もいる歴史」として位置づけることが不可欠となる。それには女性史が提示してきた「男性の領域」と「女性の領域」、公的領域と私的領域、見える存在と見えない存在といった二項対立的な図式では、歴史における女性の存在を見失いがちになるという限界がある。互いに交差するそれぞれの二つの領域の境界は明確なものではないし流動的でさえある。最近では「女性の領域」の生みの親であるコット自身が、女性の意識に関して、feminism, female consciousness, communal consciousness の三種類に分けているのも、歴史的実在としての女性への関心であり、二項対立ではなく中間の領域に視点を移すことで、過去の女性の多様な存在を認めようとすることのあらわれである。

公共の制度としての結婚

中間領域への関心による今後の研究の方向性を指し示すものとしては、国家的な歴史に位置づけようとするものと、地域のコミュニティの歴史に位置づけようとするものがみられる。コミュニティによるものは第3節で紹介するとして、ナショナルな大きな歴史の流れと結びつけようとする研究では、ジャクソニアン期からの国民形成の過程で、女性がどのように国家と結びつけられたかという点で、結婚制度に言及するものがある。コットは、国家の拡張とともに新たな国民を選定する際に、公共の制度としての結婚とそれによる家族が、選定の機能をはたしたと主張している[Cott 2000]。すなわち、独立期から、南北戦争までのあいだに、適切な結婚による秩序形成の装置が共和国の政治理念に埋め込まれた。この結婚によるモデルは、キリスト教による、一夫一婦制に基づく、男女の合意による関係を理想とするものであるが、夫を妻に優越する存在とする社会秩序を意図していた。さらに、投票権に代表される国民としての資格を、自由人としての家長である夫、すなわち「家」(家庭)を所有する者に与えるという国家的秩序を意図していたとも指摘している。

さらに、コットは、このヴィクトリア朝的家族像を理想視する結婚観が、人種や階級差を広げたことをも強調している。適切な結婚という「ソサイアティ」の規範は、女性によるコミュニティ作りのなかで、「外界」、外なる世界の者を、不道徳な、隷属する、悪徳の存在であると、劣等視する働きをするようになった。西部への地理的拡大によって、より多くのネイティブ・アメリカンや黒人の人びとを目にするようになるにつれ、結婚による「家」をとおして見る他者へのまなざしは、そのホワイトネス意識をさらに先鋭化させたし[Morrison 2002; Saxton 1990]、また、同じく、移民や労働者階級の家庭を、自己規制の欠如、暴力と貧困の充満ととらえ、女性が外で働く、プライバシーがない、公的領域と私的領域の区別がないとみなすようになるという、極めて排外的な十九世紀アメリカニズムを生み出したと指摘している。

3　女性のパブリシティと「家」

女性独自の政治文化

さて、中産階級の女性が、連帯活動によって、家庭性をとおして、「家」に埋め込まれた「自由」の概念を広げてコミュニティ作りをし、ブルジョワ文化の形成に貢献したことを述べてきたが、この「ソサイアティ」を基盤にした連帯による女性のアメリカ政治への参画と公共性とのかかわりを認めるとき、女性独自の政治文化を開花させた公共圏をいかにとらえうるのかという問題が残る。

まず、性差別の構造を内包する「家」の概念から出発したとしても、率先して連帯による「社会的コミュニティ」作りに参加した、キャサリン・ビーチャーやハリエット・ビーチャー・ストーに注目したい。彼女らは、より自らを道徳的に上位におくことで、性差の不平等の構造を克服しようとしたとされるが、ここに、女性の政治文化を考えるうえでのヒントがある。彼女たちは、女性は「ソサイアティ」という空間に限定されていたとしても、その公的領域に分け入り、集団で社会を変えていくことで、自らの集団的位置を向上させうると考えていたからである。

ビーチャーなどの考えを示す例示として、連帯運動のなかで投票権のない女性が政治に直接的に影響を与えたものを具体的に取り上げると、例えば請願運動がある。連帯によって請願が集められ、それぞれの集められた請願は地域の議員によって議会にあげられるという方法がとられたが[田中 2000]、男性よりも女性のほうがはるかに多くの請願を出しているという事実がある[Melder 1977]。禁酒主義運動のメイン法案では、何万、何十万という請願が、各州で出されているが、女性による請願数のほうが圧倒的に多かったのは、一般的に、手紙の形態の請願は女性にも許され、男性に関係なく自由に発言できたからとされる。

アイセンバーグは請願活動における女性の関与に関して、請願運動を福音主義的な祈りのような行為とする宗教観が強調され、女性を政治的ではなく社会的な存在であることを確実に可視化してみせようとしていたのだと主張し、女性に対する構造的な不平等性を看破している[Isenberg 1998:64–69]。だが、彼女は同時に、コミュニティの社会悪を撲滅しようという女性の請願運動は、宗教的枠組みに規定されてはいても、実際には政治的行為であったことを強調している。女性の請願運動が議会に影響を与え、実際に法案がつくられていったプロセスを分析することで、例えば女性が議会に証人として呼ばれたことを、証人でしかなかったと判断するのではなく、女性の道徳的な公正さが公式の政治の場で重視され、当時の女性が政治を道徳的に高める役割を求められていたことの証明であったとする。

ボランタリズムと公正さ

同様のことは、ベーカーの主張にもうかがえる〔Baker 1999〕。女性はさまざまな女性の連帯活動によって、政党に拘束されない独自の政治文化を形成できたから、長期的視点に立てば、中立的な理性的な存在としての市民概念を育み、それを政治のなかに組み込むことでアメリカ政治に貢献したと述べている。世俗的で利害関係に左右されがちな男性と違って、政治を高潔な位置に浄化させる役割が女性に与えられたことになるが、それは投票権のない女性が政党政治に影響を与えた具体的な政治プロセスの分析からも理解される。

とくに、第三政党の分析、例えば、十九世紀中頃の禁酒主義運動や、フリーソイル運動（自由土地党の運動）、ノーナッシング運動（外国人を規制する運動）の分析によって、これらのポピュリズム的運動が「普通の女性」によって自主的に展開されたことが実証されてきた。また、ヴォスハバードが述べるように〔Voss-Hubbard 1999:121–150〕、政党制度が内包していた反政党的イデオロギーは、第三政党に保持され、政党の競合的な機能を潤滑に作動させるのに役立ったが、それに貢献したのは、第三政党を支援した女性たちの連帯であったと、評価されている。さらにエヴァンズは、女性の連帯の経験は、やがてポピュリズム的ボランタリズムを生み、アメリカ社会を草の根から支える基盤となったと、主張している〔Evans 1989: chapter 4〕。アメリカの歴史における根幹を、女性の連帯がつくっていったことを強調しているが、少なくとも十九世紀末までは、民衆自決のエネルギーはここにあったといえる。

つまるところ、新たなコミュニティ作りを担うことになった女性は、連帯による政治活動をとおして、公共善を実行するモラルの具現者として、政治の領域に登場することになった。白人男性を家長とする家族という個別の単位が、新しい国家における法的権利の平等性を求めるなかで、「社会的コミュニティ」の形成に積極的にかかわったのは女性であり、女性の道徳性が、「ソサイアティ」に正統性を与え、ブルジョワ文化の結合力を強め、理念的に政治を高位の位置に浄化させる役割をはたした。メアリー・P・ライアンが述べるように〔Ryan 1997; Calhoun 1992: 259–288〕、中産階級の女性たちは、「家」を重視する慈善団体や道徳改善協会のような、女性だけによる自発的な団体の活動を基盤に、男性のとは異なるもう一つの公共圏をつくりだし、「ソサイアティ」で生み出された公共性に基づく市民社会の形成に貢献したのである。「孤児列車」などの慈善活動で、信仰や社会の絆に縛られることはあったにせよ、女性は慈善という福音主義と公共心の衣をまとうとき、道徳性という美徳のパブリシティ(公開性)を得ることで、独自の政治参加をはたすことができたのである。

公共の場での女性の見え方見られ方

さて、ここで、女性のパブリシティについて、女性が当時の公共の場で、どのように見えていたのか見られていたのかが重要となる。女性の政治参加が主体的なものであったにしろ、国民統合のメカニズムに組み込まれた構造的なものであったにしろ、女性の政治参加を評価する意義は、女性を生きた歴史的存在として解放することにあるが、最近、女性の政治参加をコミュニティのレベルで具体的にみていく際に、visible public presence（公共の場での見え方見られ方）という意味での、女性のパブリシティをとらえるものがでてきている。

アイセンバーグは、十八世紀的共和主義と啓蒙主義による複層的な関係の残っていた十九世紀民主主義のジェンダー的構造は単純ではないとして、女性のパブリシティを多面的にとらえようとしているが［Isenberg 1998 : introduction］、例えば、セネカ・フォールズなどの女性の大会の開催にしても、大会に関する素描画を分析して、出席したさまざまな女性の多様な振舞いだけでなく、傍聴席にいる男性傍聴人のあざける姿を含めて、大会を全体として鳥瞰的にとらえている。女性を見える存在として視覚的にとらえ、他者との関係でどのように見られたのかを、複合的に再考している。

また、リテラシー（読み書き能力）にも注目し、女性の多くが大衆小説あるいは国民文学を書き始めた時代であったし、それを読む習慣を見出した時代であったことを重視し、女性がリテラシーを得たことによる政治性を強調している。男性による『モーヴィー・ディック』（白鯨）と、女性による『アンクル・トムの小屋』の出版量の差は歴然としており、ここにリテラシーを得た女性の政治的影響力の大きさが見出されるわけであるが、数多くの女性作家の作品をとおして、彼女ら自身の存在を含めて多様な女性の見え方見られ方が示されている。

それでは、女性は、公衆の場で、具体的にどのように見られていたのか。祝祭を伝えるポスターなどで、女性はブルジョワ女性に似せて共和国の美徳、公共心のシンボルとして描かれているが、一般社会では、自制心のない、危険な、性的に従属する存在という、悪徳のイメージもあった。実際、身体に付随するファッションにも女性像の二面性が見出せ[Dorsey 2000;Halttunen 1982]、コルセットで腰をきつく締め、大きくペチコートを広げた姿にそれは典型的にあらわれている。中産階級の女性もその例外ではなく、美徳にあふれた慈善家としてでなければ、「外界」でのパブリシティは、悪徳の「売春婦」とされえた。

ここで、祝祭や選挙のときのパレードに焦点をあてると、そこに女性がどのように登場したか、パレードを見ていた中産階級あるいは労働者階級の人びとは、それをいかにとらえていたかを示唆する事例がある。ライアンは、一八二五年のエリー運河開設祝祭行事として、パレードに付随しておこなわれたボート競走に注目している[Ryan 1997]。それぞれの舟には、知事や市長などの夫人の名前が、女性自身の名前としてではなく、「何某夫人号」として記され、彼女ら自身も「レディ」として乗船していた。祝祭行事のポスターなどで共和国の美徳として描かれる貴族的な女性像は、ブルジョワ女性と同じ姿をしているが、この舟に乗った女性たちも、美徳の象徴として、「ソサイアティ」に属する人びとのみならず、祝祭に集まった「外界」にいる人びとに訴える行事の道具立てとなっていたわけである。この舟の行事では、進歩に酔いしれる多くの市民の未来への希望を、美徳を有するブルジョワ女性の姿に具現化しており、また、それにあやかろうとする人びとにとって、それは憧れの対象となったブルジョワ社会の象徴とみえていた。

先に、理想的な結婚による家庭像を国民峻別の規範としたというコットの主張を指摘したが、競争するこの舟こそが、変わりゆく競争社会へ投げ込まれた「家」(家庭)の一つの理想像を示していたといえる。

多様で階層的な公共圏

さて、投票資格が土地所有と結びついていた時代は、投票権という政治的権利とパブリシティは同じであったが、普通選挙法が施行されると、白人男性でパブリシティが許される者、許されない者、すなわち「ソサイアティ」と「外界」にいる者の区別がされ、新しい社会的な区分が生まれた。中産階級の女性は、選挙権という意味では「外界」にいる労働者階級の男性よりも下におかれたが、パブリシティという意味では、「レディ」として上位におかれた。ナンシー・フレーザーが「公共圏の再考」で指摘するように、公共圏は一つではなく、複数の公共圏が階層的に並べられる関係が生まれた[Fraser 1992]。中産階級の女性たちの社会改革への熱望は、連帯による実践をとおして、積極的に独自の公共圏をつくりあげていったし、それがゆえに、彼女たちのパブリシティが有効となったといえる。パブリシティは象徴的存在が実質的意味をもつときにのみ、公共圏への接近を可能とするからである。

つまり、we と they というように、他者を自らと区別することで、「レディ」と自覚した彼女たちは、労働者の男性のみならず、労働者の女性とも自らを意図的に切り離していった。労働者階級の文化は、先にも述べたように、悪徳の世界のものとして、自制の欠如、放埒、泥酔、非福音主義的、女性が外で働く、プライバシーがない、公的領域と私的領域の区別がないと規定された。ここに、「アメリカ化」という同化の原型、つまり十九世紀ナショナリズムの原型が存在しているが、女性の公的空間への参加は、男性とは異なるかたちで、ステンシルが強調するように［Stansell 1982］、中産階級のアイデンティティを連帯によって具体化し、一枚岩的にはいえないものの、全体としては階級的切分けを明確にしたのである。

しかし、同時に、美徳の存在として描かれる女性は、他者にブルジョワ文化の伝道師として、「家」を伝える役割もはたした。女性はモラルの象徴としての意味をもつ公正な存在として、また下位の公共圏に属する者たちに白人男性のパブリシティよりもずっと近しい身近なパブリシティを提供することで、さらにその無私なボランタリズムに基づく熱意によって、彼ら彼女らを統合させ組み込む役割をもはたした。公共の場での女性のパブリシティと他者との関係を全体としてとらえるときに、先述の祝祭や選挙のときのパレードは示唆に富む。複数の公共圏が交錯する一時の場だからである。パレードに女性がどのように登場したか、パレードを見ていた中産階級あるいは労働者階級の人びとはどのようにパレードのブルジョワ女性との近しさをとらえていたのか。こうした問いかけは最近ではさらに、国民形成における統合の装置としてのパレードに注目した研究を生み［Altschuler 2000；Ryan 1997；Newman 1997；Waldstreicher 1995］、そこでの女性のパブリシティのはたした役割についても関心がもたれている。パレードの現代的形態が創出されたのは、十九世紀初頭のアメリカであったといわれるが、今後、さらなる事例の分析が待たれる。

おわりに

政治の概念を拡大し、女性のみならず、人種、エスニシティ、階級を超えて、さまざまな公共性を読み取っていくことが、十九世紀アメリカ合衆国史に課された課題である。本章では、中産階級の白人女性を中心に、彼女らの政治参加を、南北戦争を中心とする十九世紀の歴史に位置づける方向性を探ろうとした。ジャクソニアン期から政党制度が拡充し、名望家政治から大衆を取り込む政治へ転換していった過程で、公共圏が拡大したわけであるが、そこにみられる公共性は必ずしも選挙権をもつ男性のものだけとは限らなかった。十九世紀のアメリカ合衆国においてさまざまな階級や民族に属する女性たちは、公式の公共圏から排除されていたにもかかわらず、公共の政治生活に接近していくルートを多様な方法でつくりあげていった。ブルジョワ女性たちは、本章でみてきたように、「孤児列車」のような慈善団体や、道徳改善協会といった女性だけの自発的な団体による政治参加によって、「家」の概念を広げ、「社会的コミュニティ」をつくりあげたし、現実の政治にも独自の参加の仕方をすることで、もう一つの対抗的な(ときには融和的な)公共圏をつくりあげたのである。

ところで、中産階級の女性が社会改革の対象として結んだ他者像の先にいた、黒人、ネイティブ・アメリカン、移民といった人びとが、マジョリティからの同化の圧力を受動的に受け入れたわけではない。それを受け入れるにしろ、拒否するにしろ、ときにはブルジョワ文化に逆照射するにしろ、それらはまた彼ら彼女らの政治参加の一こまである。ことに、今回考える余裕をもたなかったが、つぎの課題として「特権」をもたない、「レディ」でないとされた女性たちの政治参加が問われなければならない。男性が主流を占める労働者階級の抗議運動で、街頭における抗議や行進に参加した女性たちは、彼女たち独自のパブリシティをみせる。こうした女性の存在の検証もこれからの課題である。政治が市民生活の多様で豊かな生活の場での、唯一の表現手段であったことを再認識し、そこに広範な女性の活動を包括させる複層的な公共空間を具体的に見出すことが求められている。

参考文献

Altschuler, G. C. and Blumin, S. M., *Rude Republic: Americans and Their Politics in the Nineteenth Century*, New Jersey, 2000.

Appleby, Joyce, *Inheriting the Revolution: The First Generation of Americans*, Cambridge, 2000.

Baker, Paula, The Domestication of Politics: Women and American Political Society, 1780–1920, *American Historical Review*, 89, June 1984, pp.620–647.

Baker, Paula, The Middle Crisis of the New Political History, *The Journal of American History*, 86, June 1999, pp.158–166.

Boyer, Paul, *Urban Masses and Moral Order in America, 1820–1920*, Cambridge, 1978.

Calhoun, Craig (ed.), *Habermas and the Public Sphere*, Cambridge, 1992.

Cott, Nancy F., *The Bonds of Womanhood: "Women's Sphere," in New England, 1780–1835*, New Jersey, 1977.

Cott, Nancy F., *Public Vows: A History of Marriage and the Nation*, Cambridge, 2000.

Dorsey, Bruce, *Reforming Men and Women: Gender in the Antebellum City*, Ithaca, 2000.

Evans, Sara M., *Born for Liberty: A History of Women in America*, New York, 1989.（小檜山ルイ・竹俣初美・矢口祐人訳『アメリカの女性の歴史――自由のために生まれて』明石書店、一九九七年）

Foner, Eric, *The Story of American Freedom*, New York, 1998.

Formisano, Ronald P., The "Party Period" Revisited, *The Journal of American History*, 86, June 1999, pp.93–120.

Fraser, Nancy, Rethinking the Public Sphere: A Contribution to the Critique of Actually Existing Democracy, in

Calhoun, Craig (ed.), *op. cit.*, pp.109–142.

Gienapp, William E., *The Origins of the Republican Party: 1852–1856*, New York, 1987.

Ginzberg, Lori D., *Women and the Work of Benevolence: Morality, Politics, and Class in the 19th Century United States*, Yale University Press, 1990.

Halttunen, Karen, *Confidence Men and Painted Women: A Study of Middle-Class Culture*, New Jersey, 1982.

Holt, Marilyn I., *The Orphan Trains: Placing out in America*, Nebraska, 1992.

Howe, Daniel W., The Evangelical Movement and Political Culture in the North during the Second Political Party System, *Journal of American History*, 77, March 1991, pp.1216–1239.

Isenberg, Nancy, *Sex and Citizenship in Antebellum America*, North Carolina, 1998.

Kerber, Linda, *Women of the Republic: Intellect and Ideology in Revolutionary America*, New York, 1980.

Kulikoff, Allan, *The Agrarian Origin of American Capitalism*, Virginia University Press, 1992.

McCormick, *The Second American Party System*, North Carolina, 1966.

McGerr, Michael E., *The Decline of Popular Politics: The American North, 1865–1928*, New York, 1986.

Melder, Keith, *The Beginnings of Sisterhood*, New York, 1977.

Morrison, Michael A. and Stewart, James B. (eds.), *Race and the Early Republic: Racial Consciousness and Nation-Building in the Early Republic*, New York, 2002.

Newman, Simon P., *Parades and the Politics of the Street: Festive Culture*, Pennsylvania, 1997.

Romero, Lora, *Home Fronts: Domesticity and Its Critics in the Antebellum United States*, Duke University Press, 1997.

Ruiz, Vicki L. and Dubois, Ellen C. (eds.), *Unequal Sisters: A Multicultural Reader in U.S. Women's History*, New York, 1994.（和泉邦子・勝方恵子・佐々木孝弘・松本悠子訳『差異に生きる姉妹たち――アメリカ女性史における人種・階級・ジェンダー』世織書房、一九九七年）

Ryan, Mary P., The American Parade: Representations of the Nineteenth-Century Social Order, in Hunt, Lynn (ed.), *The New Cultural History*, Berkeley, 1989, pp.131–153.
Ryan, Mary P., *Civic Wars: Democracy and Public Life in the American City during the Nineteenth Century*, California, 1997.
Saxton, Alexander, *The Rise and Fall of the White Republic*, New York, 1990.
Schudson, Michael, *The Good Citizen: A History of American Civic Life*, Cambridge, 2000.
Sellers, Charles, *The Market Revolution: Jacksonian America 1815–1846*, New York, 1991.
Stansell, Christine, *City of Women: Sex and Class in New York, 1789–1860*, Illinois, 1982.
Trattner, Walter I., *From Poor Law to Welfare State: A History of Social Welfare in America*, New York, 1974.
Voss-Hubbard, Mark, The "Third Party Tradition" Reconsidered, *The Journal of American History*, 86, June 1999, pp.121–150.
Waldstreicher, David, *In the Midst of Perpetual Fetes: The Making of American Nationalism*, North Carolina, 1995.
Wiebe, Robert H., *The Segmented Society: An Introduction to the Meaning of America*, New York, 1975.
Wiebe, Robert H., *Self-Rule: A Cultural History of American Democracy*, Illinois, 1995.
金井光太朗『アメリカにおける公共性・革命・国家――タウン・ミーティングと人民主権との間』木鐸社、一九九五年
田中きく代『南北戦争期の政治文化と移民――エスニシティが語る政党再編成と救貧』明石書店、二〇〇〇年
古矢旬『アメリカニズム――「普遍国家」のナショナリズム』東京大学出版会、二〇〇二年
横山良「ポピュリズムと土地問題――アメリカ・ポピュリズムの歴史的源泉(1)」(『近代』九〇号、二〇〇二年)五一～九八頁

第4章 ロシア革命前夜の「女学生」の世界

人民への奉仕と学問への憧憬

橋本伸也

はじめに

ロシアの事例にそくして「革命と性文化」なる主題について思いめぐらすとき、即座に想起されるのは、アレクサンドル二世暗殺に連座したヴェーラ・フィグネルや、サンクト・ペテルブルグ特別市長官トレーポフ狙撃事件やカール・マルクスとの往復書簡で名高いザスーリチなど、しばしば「ニヒリストゥカ」と称されたナロードニキ女性革命家に付着した定型的イメージであり、あるいはボリシェヴィキの革命家コロンタイの唱えた性の解放理論や革命期に繰り広げられた性文化の変容であろう。これら一繋がりの主題群は、かつて主流であった女性革命家をめぐる英雄史観的彩りをともなうさまざまの著作から[和田 1980]、欧米の女性史研究に触発されたロシア・フェミニズム史に関する研究[Stites 1978]、そして目下展開中の研究動向にみられる革命期のセクシュアリティ変容への関心[Naiman 1997; Healey 2001; Clements 2002]にいたる多様な研究蓄積のなかで重視され、著しい進展をみてきたものである。

しかるに、本章の主題は、これら革命運動やそこで流布されたラディカルな女性解放論と性理論、そしてセクシュアリティをめぐる社会史的変容そのものではない。むしろ、これらの突出的イメージを生み出す裾野にあった女性たちの社会的位置の変化を、主として帝政末期の女子中等・高等教育の発展とそこに学んだ「女学生」の形象、さらには彼女らが学校卒業後に到達した専門職者の世界で占めた地位に焦点づけながら提示しようとするものである。そのために、まず十九世紀後半以降に他国と比して格段といってよいほどの発展を遂げた女子教育の展開過程を簡単にあとづけたうえで［橋本 2004］、帝政最末期におこなわれた女子中等学校生徒《ギムナジストゥカ》や女子高等教育機関学生《クルシストゥカ》、さらに卒業生を対象としたアンケート調査結果などを参照しながら、彼女らのおかれた境遇や生きた時代とのかかわり、そしてそのなかで育んだメンタリティを再構成する作業を試みたい。そうすることで、ロシア革命以降にみられた「女性の社会進出」なる社会の表層のめざましい変化——これが両性間の平等を達成したものでは決してなく、むしろ他国とは異なる独特のロシア＝ソヴィエト的ジェンダー構造を随伴していたことは再論するまでもない——をもたらす歴史的条件をとらえるための糸口としたい。

1　ロシアにおける女子教育の展開

女子中等教育の成立と発展

　近代ロシアの女子教育史は、おおむねエカテリーナ二世による貴族の娘を対象とした貴族主義的で啓蒙主義的な実験学校であるスモーリヌィ女学院の設立(一七六四年)にまで遡って論ずることが可能である。それから十九世紀前半にかけて、貴族子女を対象とし、慈善的性格もあわせもった女学院なる寄宿制の身分的で閉鎖的な教育機関類型が、サンクト・ペテルブルグとモスクワという新旧二つの首都のみならず、地方都市やシベリア・カフカースを含む帝国辺境にいたる普及をみたのである。これらは、教育目的では啓蒙期に由来する良妻賢母規範を謳ったとはいえ、貴族の家族形態や規範的文化に規定されてそのようなものとしては機能せず、むしろ教育内容や舞踏会をはじめとした学校文化の点で宮廷的な色合いをたたえた、貴族文化の添え物的なものにとどまった。そこでは現実生活から遊離した「コケット」ばかりが生み出されていた、というのが同時代人らの通念的理解である。さらに多大の富を有した有力貴族の場合には、学校教育よりも、むしろ乳母や家庭教師の手になる家庭教育が愛好された。

　こうした状況に変化が生じたのは、ロシア帝国がクリミア戦争(一八五三〜五六年)敗北なる象徴的なかたちでその後進性を露呈して、これを契機に全般的危機を体験し、農奴解放(一八六一年)をはじめ国制・社会・経済の多方面におよぶ上からの自由主義的改革を喫緊《きっきん》の事業とした「大改革の時代」のことである。

年度	学校数	生徒数
1873	171	23,000
1880	—	42,700
1883	285	55,100
1893	320	65,500
1903	—	137,000
1906	—	182,200
1907	—	200,800
1913	約1000	303,700
1914	—	323,600

表1　女子ギムナジア(プロギムナジア含む)**の学校数・生徒数**(概数)

身分	女子ギムナジア			女子プロギムナジア			女子ギムナジア・プロギムナジア		
	1865	1880	1898	1865	1880	1898	1904	1907	1913
貴族・官吏	61.7	49.9	45.1	19.9	21.5	17.0	32.0	27.5	21.7
聖職者	5.9	7.5	3.3	5.5	12.8	7.3	4.4	4.6	4.8
都市身分	28.2	35.3	43.4	66.9	51.0	56.9	47.7	48.1	44.6
農村身分	2.3	4.4	5.3	7.4	12.8	16.1	14.2	17.0	25.5
その他身分	1.9	2.9	2.9	0.3	1.9	2.7	1.7	2.8	3.4

表2　国民教育省女子ギムナジア・プロギムナジア生徒の身分構成(%)

他の諸改革に先行する一八五八年に、いち早く、マリア皇后庁(女子教育や慈善事業を管轄する官庁)や国民教育省の主導によって、のちに女子ギムナジア(とその短期・簡略型学校類型である女子プロギムナジア)と称されたほぼ中等レベルの通学制女学校の新設が始まり、これが急速な発展をみたのである。この学校は、制度構想時点では貴族以外の都市中間身分を想定したが、制度上は全身分的なものとされ、実際、これら諸身分の身分団体による財政支援も受けながら首都および地方都市に急速に普及した。教育内容上も、知的エリートの教養としてこの時期に政策上重視され始めた古典語の扱いで著しい差異がみられたとはいえ、それ以外はギムナジアの名にふさわしく男子中等教育に匹敵する水準のものが用意された。寄宿制女学校から男子中等教育機関に準拠した女子中等学校への移行は、基本的には、世紀後半を通じてヨーロッパ諸国で共通してみられた趨勢であったが、ロシアの女子ギムナジアの系統的整備はその先駆けとなるものであった[Johanson 1987:29]。また、中等教育修了を前提とした教職資格やそのための教職教育の整備も進展した。かくして、アレクサンドル二世暗殺に端を発した一八八〇年代のいわゆる反改革期の停滞があるとはいえ、帝政崩壊にいたるまでほぼ一貫してこのタイプの教育は拡大を遂げ、第一次世界大戦直前の時代には、男子の中等教育を凌駕する規模に達したのである。かつこうした量的拡大は、生徒の出身身分構成に変化をもたらした。当初、十八世紀以来の貴族特権としての教育なる観念の延長線上にあって貴族優位であったものが、しだいに都市諸身分やさらに農村身分出身者にまでおよび、十八世紀から十九世紀前半までのロシア近代教育に固有の特徴であった「教育の身分制原理」[橋本 1996:1999]の空洞化をもたらした。そうした数量的推移は、表1・表2に提示したとおりである。

女子高等教育の成立

他方、高等教育段階では、一八五〇年代末から六〇年代初頭にかけて、サンクト・ペテルブルグ大学をはじめとしたいくつかの大学や高等教育機関でなし崩し的に女性に門戸が開放され、聴講生として講義室を訪れることがなかば流行現象化した。こうして開かれた大学の門戸は、大学人や社会による支持にもかかわらず、学生運動の高揚とポーランド一月蜂起を契機としてまもなく閉ざされたが、この機をとらえた人びとからは、その後チューリヒ大学に学んで女性としてはじめて医学博士号を取得したナデージダ・スースロヴァ、あるいは例外的にサンクト・ペテルブルグの医学外科学アカデミーで就学継続を認められてロシアの医学学位を獲得したヴァルヴァーラ・カシェヴァローヴァ＝ルードネヴァらを輩出した。また、いったん開かれた機会は女性らの高等教育への渇望を昂進させ、それは、一八六〇年代末から七〇年代初頭の偽装結婚による外国流出と、スイスやフランスなど、この頃おずおずとした足取りで女性への門戸開放を始めたばかりの西欧諸国の大学その他の高等教育機関での就学をもたらした。チューリヒ大学医学部でロシア出身女性は、一八七二年に女子学生中の九割弱と、他を圧倒する比重を占めたのである。

幾多のナロードニキ革命家が巣くう「革命の巣窟」チューリヒにロシア帝国出身の若い世代の女性たちが殺到したことは、これを警戒する政府から、チューリヒ退去命令（一八七三年）と抱合せで女子高等教育機関の開設容認を引き出すこととなった。政府部内での慎重審議や激しい論争を踏まえて示された結論は、大学教育に匹敵する高等教育を求める女性の奔流がもはや抑止しうるものではないのであれば、むしろそれを国内で政府監視下においたほうがよいし、女子中等教育拡大によってもたらされた女性教員への需要を満たす必要もある、というものであった［Vakhromeeva 2003:39］。そして、かかる判断に立って、一八七〇年代を通じて、大学人と女性運動との連帯のもとに設立申請の出されていたサンクト・ペテルブルグのベストゥジェフ課程など女子高等課程と称せられる四校と、一校の女性医師課程が認可されたのである。これら一連の女子高等教育機関は一八八〇年代反動の嵐のなかで政治的弾圧策を受けて、ベストゥジェフ課程を除いて廃校の憂き目に遭うことになり、唯一、存続を認められたベストゥジェフも厳しい政府監督下におかれて深刻な性格変容を強いられるが、その間には、政府がつねに警戒した女性革命家のみならず、医業専門職者をはじめ、初等から高等段階にいたるさまざまの教育者、学者や文筆家などの専門的職業者、女性の活動領域とはみなされてこなかった自然科学・技術系諸分野の研究者や技術者、あるいは女性運動や教育運動などの社会活動家を多数生み出すことになる。低賃金にあまんじつつ男性以上の献身的な働きをみせた女性専門職者は、資金不足のなかで教育・保健事業に踏み出した地方自治機関からおおいに歓迎される存在でもあった。むろん、新分野に進出し社会の認知を得るには、越えるべきハードルも多く存在した。女子高等教育なる新機軸の事業に不審や嫌悪をいだく人びとから投げかけられる悪罵にも似たさまざまの攻撃的発言に対抗することもそうであったし、露土戦争時の愛国主義的熱狂に沸き立つ雰囲気のなかで女子医学生たちが、女性医師への社会的認知と自己の存在証明を求めて最前線近くの医療拠点で繰り広げた献身的活躍と痛ましい犠牲もそうしたことの好事例であった［橋本 2003］。また、一八八〇年代反動のなかでは、西方に向かう女子学生の奔流が再現された。そこには、ユダヤ人やポーランド人など帝国統治のなかで微妙な位置におかれた人びとが多数含まれ、ワルシャワから四等客車でパリをめざし、のちに二度にわたってノーベル賞を授与された物理学者マリー・キュリーもまたそうした一人であった。

ロシアにおける女子教育発展の動因

女性らの教育への渇望は何ゆえに醸成されたのか。しばしばそれは、農奴解放の時代の解放的精神と、チェルヌィシェフスキーやミハイロフに代表される急進的女性解放論の広がりから説明されるが、それに加えて、一つには女学院や家庭教師による教育普及と貴族のサロン的文化のなかにもたらされた西欧フェミニズム思想の流布、他方で農奴解放に前後して没落していく中小地主貴族の娘らが、経済的窮乏と女性人口の相対的過剰への対応として自ら働くことを強いられ、そのための前提として高度の教育を必要としたことをみておかねばならない。第一世代のある女性医師は、女性が医業を志向した理由を、本物の知識を求めつつ他方で深刻化する経済的窮状に迫られて職業機会を求めた女性らにとって、「医師の活動は学問従事という点でも、学問と結びつきながら身近で苦しむ人びとの苦痛を和らげる仕事だという点でも、他の職業よりも大きな自立性が与えられているという点でも魅力的」[Shabanova 1913:953]だったからだと回想しているが、ここには、彼女らの動機の所在が示唆されている。ナロードニキ女性革命家を典型とする「悔い改めた」貴族女性による人民への弁済なる古典的イメージは、じつは、自ら糊口を凌ぐことを強いられた女性らの生残り戦略ともおおいに絡まり合っていたのである。

他方、そうした理念的説明や社会経済的解釈に加えて重視しなければならないことは、この時期、十八世紀以来の身分制的枠組みを脱して西欧型の階層的社会構造への転換を展望した教育政策や家族政策が採用され、その枠組みのなかで女性解放思想と並んで母性主義的で良妻賢母的な女子教育論が流布され、いわば解放思想と母性主義という対極的な二つの議論に触発されつつ、女子教育の必要が社会的合意として成立させられたという事情である。女子教育は時代の言葉と化していたのである。さらに、新たに設けられた女学校が、制度設計者たちの思い描いた良妻賢母主義的規範にもかかわらず、教育内容上、男子中等教育と似た内容を提供したうえに、大学教育への接続を前提とした正規中等教育を想起させる「ギムナジア」なる呼称が採用されたことも、高等レベルの専門教育に向かう際の障壁を除去するものとして観念された。前途に立ちはだかる障碍の間隙を縫って高等教育機会を獲得し、専門職者の世界に到達した第一世代の成功譚が、当時、みごとに花開いた雑誌文化とそこで活躍する女性文筆家たちの筆を通じて広く流布されたことは[Norton 2001]、次世代に社会化モデルを提供し、帝都に開かれた学びの場への憧憬をいやがおうにもかき立てることともなった。一八六〇年代以来、成長を遂げつつあった大学人らの知識社会が女性らの行動を陰に陽に支援したことも、特筆されるべきである。

女子教育と女性専門職者をめぐる葛藤と成果

女性らの意識と行動は、女子教育普及を推進したロシア政府やイデオローグらの目論見《もくろみ》とは明らかにずれていた。すでに述べたように、政策的に流布された教育目的や教育関係者が女子教育を意味づけるのにさかんに発した言説は、基本的には西欧型近代家族をモデルとした良妻賢母主義的なそれで、「良き主婦・貞淑な妻・行き届いた母親」の育成を国家近代化と国力増進の条件として構想していたからである。一八六〇年代以来、国家のさまざまの政策に影響力を行使したことで知られる右翼知識人でジャーナリストのミハイル・カトコーフが女子高等教育や医学教育を支持するそぶりをみせて、当惑して迎えられることもあったが、この場合も真意は、女性の高等教育志向を完全に抑止することは不可能だとみて、高等教育の前提として古典教養を女性にも課すことで教育志向を脱政治化しつつ、限定的就学を認めようとするものであった。流布される秩序観念から背馳した行動をとる学生には、道徳的頽廃や性的放埓を印象づけるエキセントリックな負のスティグマが加えられ、他方、そうした攻撃を危惧する良心的関係者からも、女性であるがゆえの自制を求められた。こうしたイメージは、ニヒリストゥカのステレオタイプ——すなわち短髪、灰色眼鏡、地味な衣服と喫煙——とかさなり合って、高度の教育を求める女性の道徳的逸脱と革命思想への頽落を印象づける幾多の言説を生み出すこととなった。教育内容をめぐっても、「女性らしさ」を基準としたせめぎあいが繰り広げられた。中等教育では生殖にかかわるいっさいの知識を排除すべきとの論調が強められ、医学教育の場でも、解剖実習に際して死体に衣服を着用させて「女性らしい羞恥心」に「配慮」したり、あるいは講義を産科学や小児科学など限定的範囲に押しとどめようとする力が加えられた。

一八八〇年代の反改革のなかでいったん女子高等教育は潰えたかにみえた。だが、ほどなく状況は再度反転した。世紀転換期に女子医学高等専門学校をはじめいくつかの学校が再開されたのに続いて、一九〇五年の第一次革命期には一時的に大学や男子専門高等教育機関の門戸開放が実現され、さらにその後も女子高等教育機関や共学の私立教育機関が多分野にわたって設立されたのである。学校数は、第一次世界大戦開戦時に女子高等教育機関が官立・私立あわせて三五校、共学が二九校で、これらに学ぶ女子学生の規模の実相は定かではないとはいえ、女子高等教育機関だけで三万名以上、共学校も含めるとおそらくその数は数万名に達し、男子高等教育人口の七万名弱にはおよばぬものの、それを猛追した［Ivanov 1991：104–105］。分野的にも、女性の専門的職業として比較的早くに開放された教職・医療に向けて準備するもの（大学の医学部や文学部、理学部に相当する）に加えて、農業、工業技術、法学、経済学・商学、芸術など多岐にわたった。職業資格の点では、いち早く医療職が男性医師と同等の権限を手にしたのに加えて、農学分野

図１　ベストゥジェフ女子高等課程化学実験室

図２　ベストゥジェフ女子高等課程文学部（歴史文献学部）の教授たちと第八期卒業生

出典：

図１　*С-Петербургские высшие женские курсы за 25 лет. 1878–1903.* СПб., 1903, С. 220.

図２　*Вахромеeva, О.Б.* Духовное пространство университета. СПб., 2003, С. 130.

の資格の同等化が進み、さらに一九一一年には、女子高等教育機関における学位授与権と大学学位との同等化も達成された。戦時下では、工業技術分野の資格でも、農業分野と同様のことが進展した。そうしたことの結果、教職や医業といった職業分野では他の諸国を圧する高水準の女性比率を達成した（二十世紀初頭の教員中女性比率は、最高のカナダが八〇％、ロシア七五％、フランス四九％、ドイツ二一％［Albisetti 1993：255］。女性医師数は、ロシアが一八九七年に約六〇〇名、一九一一年には一七五〇名に対して、イングランドは一八九一年が一〇〇名、一九一一年で四七七名、フランスでは一八九六年一二二名、一九〇六年五三三名、ドイツでは一八九五年に一〇〇名強、一九〇七年で一九五名であった［Hutton 2001：92］）。さらに男性的世界と目されがちの技術系専門職分野への女性の大量進出なる「ロシア固有の現象」［Stites 1978：176］も繰り広げられた。これらは、十九世紀末に本格化するロシアの重化学工業の発展や個人農創出と農業技術刷新を目標とした農業改革といった社会経済的変化の局面で顕在化した専門職者不足を補うために、高度の教育を受けた女性労働力が活用されたことを示している。「女性の領域」に押しとどめようとする力と並んで、それとは逆のベクトルが政府部内でも社会でも作動していたのである。他方、官界や司法の分野では、第一次革命期以降、弁護士資格の女性への開放が論題化し、またそれ以前から例外的に弁護士業務を営む女性もいたとはいえ、正規の資格としてこれが承認されることはなかった。にもかかわらず、女子高等教育機関に法学が専門分野として設けられて人気を博したのだが、これは、機会開放への淡い期待とあわせて、革命運動や社会運動への接近とあいまって昂進した社会科学的知識への渇望に由来するものであった。

2 ロシア革命前夜の「女学生」の世界

世紀転換期ロシアの教育調査

ヨーロッパ諸国でそうであったように、ロシアでも前世紀転換期から第一次革命をへて第一次世界大戦に向かう時期は、教育構造の急激な転換が進行した時代であった。普通義務教育制度は他の諸国から大きく立ち後れていたとはいえ、十九世紀末以降、教育雑誌をはじめとしたさまざまの場面でその導入に向けた議論が本格化し始めたし、前節でみたように中等教育や高等教育の拡大も著しかった。また、これら教育大衆化への転轍《てんてつ》を意味する量的拡大に加えて、十八世紀以来の教育の身分制的な伝統、すなわち貴族特権としての高度な教育なる観念もまったく空洞化した。そうした教育構造の転換は、同時期の政治的・軍事的危機とオーバー・ラップして、十九世紀末から第一次革命期をへて第一次世界大戦にいたるまで浮沈をかさねつつもやむことなく継続する学生運動の高揚を招来するが[Morrissey 1998]、そうしたなかでは「学生」なる社会集団のあり方それ自体が(自己)認識の対象として浮上することとなった。各種の高等教育機関や中等教育機関の学生・生徒を対象とした意識調査や実態調査がさかんに繰り広げられて、経済状態や就学状況、性行動を含む生活様式、政治的態度と思想傾向などの解明がめざされたのである。こうした教育学的社会調査の登場自体が、この時代の教育構造の変化を側面から照らし出すものでもあった。

ここで使用する史料は、そうした趨勢を受けておこなわれた三つの調査報告書である。一つは、第一次世界大戦開戦に前後してモスクワ教員会館教育学博物館の実施した初等中等学校生徒を対象とした調査のうち、女子ギムナジアに関する部分をまとめて編纂した『女子ギムナジア生徒の理想』[Rybnikov 1915]なる小冊子、いま一つは、同時期にベストゥジェフ課程統計学ゼミナール学生がおこなった学生生活・意識調査報告書である。補完的に、同じくベストゥジェフ課程の卒業者が結成した相互扶助団体による卒後進路調査も用いられる。

『女子ギムナジア生徒の理想』

まず前者について。これは、地方とモスクワの女子ギムナジア四校の生徒六〇〇名弱から返送された回答をまとめて紹介し、解説したものであるが、アンケートで問われた中心は、生徒たちのいだく将来への志望とその動機であった。

生徒らがもっとも強く志望した職業は教職であった。教職志望は低学年で高く、その後いったん下降するものの、卒業学年が近づくと再度上昇して、六割近い生徒がこの職業を志望した。これは、すでにみたように女性のもっとも接近しやすい専門的職業が教職で、これ以前から女性進出が著しく進んでいたことからすれば当然予想される結果であった。とはいえ、先に述べた傾向からは、年少時の幼く漠然とした夢がいったんしぼみ(年少生徒には「チョコレートを食べるためのお金がほしいから先生になりたい」というような回答もあったという)、将来の進路が問題になるなかで、再度、具体的で現実的な選択肢として浮上したことを読み取ることができる。とりわけ、上級学年で顕著にみられたのは農村初等教員志望であったが——この傾向は、女性教員が都市に集中した他国とは異なる特徴である［Albisetti 1993:259］——、こうした志望には、都会の喧噪を避けて農民の子どもに知識を分かち伝えることを喜びとする、ナロードニキやトルストイ主義者らともかさなり合うメンタリティと、他のオプションにまつわる障壁の高さを前にして、これを宿命的なものとなかば諦観して受け入れる態度とが混在した。多数書き連ねられた生徒たちの声から、いくつか拾っておこう。

私は必ず女性教師になって、貧しい子どもたちを教えます。つまらぬ職分だという人もいますが、いわせておけばよいのです。学びたくてしかたがないのに、術がなくてそれをはたせぬまま幾千万もの人びとが死んでいくとしたら、そのほうがずっと悪いではありませんか……。（十六歳、六年生、ユダヤ人商人の娘）

人に役立つようになるために、教師になりたいと思います。女性教師のことがずいぶんうらやましいですし、彼女たちはずいぶん幸福だと思うのですが、それは、ほかの人びとを助けることができるからなのです。（十四歳、四年生）

ギムナジアを卒業したらどこかの学校に女性教師として就職する許可を得ることを望んでいますが、それは、父がすでに年老いていて長くは勤められないため、家族全員を私が養わなければならないという、ただそれだけの理由です。（十五歳、四年生）

作家アントン・チェーホフは、晩年の傑作『三人姉妹』（一九〇〇年）の最後の場面で主人公イリーナに、「明日あたしはひとりで出かけて行って、学校で教えるの、そして自分の一生を、もしかそれが必要かもしれないひとたちにあげるの」[チェーホフ 1950:111]と語らせているが、そこに表白された未来への意思は、半世代後の若い女性たちにも共有されていたのである。

教職についで女生徒らに人気があった職業は医師である。とはいえ、その比率は低学年ではわずか一・五％、学年を追うごとに高くなって五年生では二割弱まで達したが、教職との開きは歴然としていた。すでに述べたように、一八七〇年代初頭に女性医師養成のための課程が開設され、男女間の職業資格上の差異がいち早く撤廃されたのもこの職業であったことから、この職業には女性にとって達成可能な多大の魅力が備わっていたし、教職の場合と同様、苦しむ人びとへの奉仕という動機におおいに応えるものであったとはいえ、それでも生徒らにとっては、進学時の古典語試験合格要件もあり――なかにはラテン語が好きだと答えた生徒もいるとはいえ――、容易に従事可能なものとして意識されなかったのであろう。他方、法的に機会の開かれていなかった弁護士を志望した回答は四件にとどまった。

特筆すべきこととして、結婚し家庭をもって主婦や母親として生きることを志向する回答はごくわずかであった(一％程度)。回答中で「母性」にふれられることがあるにしても、その多くは教職志望の際の動機説明としてであって、自身の人生を閉ざされた家族内の母親役割として了解したものは皆無に等しかった。そこには、女子ギムナジア設立時に政府や関係者によって表明された良妻賢母型教育理念が生徒たちからみごとなまでに拒否され、むしろ職業的自立志向が脈々と息づいていたことが認められるであろう。生徒らが職業志望の際の動機としてあげたのは、圧倒的に「役に立ちたい、人を助けてあげたいという気持ち」や「その仕事への関心と好感」であり、しかもその数字は年齢を追うにつれて高まっていたのである。そしてこれは、女性の社会的動員が劇的に強化された戦時下の情勢——ロシアでは第一次世界大戦下に女性部隊が組織されたことにも留意されたい[Goldstein 2001:72-76]——とも決して無関係なものではないであろう。

ベストゥジェフ課程女子学生たちの相貌

つぎに、サンクト・ペテルブルグ女子高等課程(ベストゥジェフ課程)でおこなわれた調査をみてみよう。調査は大戦前(一九〇九年)[Slushatel'nitsy 1912]と戦中期(一九一五年)[Slushatel'nitsy 1916]の二度にわたって実施されているけれども、前者がより包括的であるのに対して、後者は戦時下の学生生活の悪化の実相を探ることに焦点化して実施されたものなので、ここでは前者に限って紹介を試みる。

調査対象は悉皆《しっかい》調査を目標に、五〇〇〇名あまりにのぼる学生全体とされたが、回収数は三割強にとどまり、結果の信頼度について若干の注意が必要であることを報告書執筆者たち自身が認めている。他方、調査項目は民族・身分・親の職業など基本的属性にかかわる項目、収入・支出などの経済生活にかかわる項目、学歴・入学動機・履修態度などの修学にかかわる項目、世界観・学生組織への態度などの思想にかかわる項目と多岐におよび、項目数は全体で一〇〇程度であった。以下、そのうちから学生たちの修学動機や意識動向にかかわる項目の結果を概括するかたちで、彼女らの相貌を示すこととしよう。

調査結果から再構成される像は、多くの場合、薄暗くじめじめとして喧騒の絶えない下宿をほかの学生と共用しつつ、食費にも事欠いた日々の生活を送っていて、およそ「精神文化の要求にはほとんど何も残らない」ほどの窮状にたえながらも、「学問的関心」と「専門的活動への志望」ゆえに、勉学を志し修学継続するというものであった。入学動機にこれら二つをあげた回答は全体の九割を超えたのである。調査報告執筆者自身もいうように、「専門的活動への志向」なる選択肢の曖昧さはいかんともしがたいが、しかし女子ギムナジア生徒たちの回答とも通底する態度をそこに読み取るのは困難ではない。女子ギムナジア生徒たちほど無邪気に人民への奉仕を語る例はさすがに影を潜めているとはいえ、「確たる世界観をつくりあげたいという願いに(導かれて入学しました)。私に多くの問題を提起した社会生活と、それに答えることのできない自分の無力さが、高等教育機関でこれらの回答を見出すことを私に強いたのです」という自由記述欄に記されたある学生の発言に象徴されるように、学問を通じて世界観を鍛え、社会的に有益な存在として世の中に出たいという切々とした想いが、難局の待ち受ける不確定な現実へのシニカルな態度を交えつつ綴られていたのである。

そうした思いは、刻々と変化するこの時期の政治気象に規定されて学年ごとの揺れ動きがあるとはいえ、トルストイ、ドストエフスキー、トゥルゲーネフといった作家たち、あるいはマルクス(法学部でその影響力は圧倒的だった)やミハイロフスキー、ピーサレフといった社会理論家からの世界観上の影響としても表現された。対照的に、文化史や思想史上で重視されるアヴァンギャルドの影響はさほどみられない。他方、将来の進路に関しては、女子ギムナジア生徒の場合とも共通して教職活動——ここでもナロードへの使命感と諦観とが綯《な》い交ぜである——が圧倒的に首位を占めつつも、漠然とした憧れでは研究を継続したいという思いも少なからずいだいていた。調査を指導したカウフマン教授は、多様な学生を一つの紋切り型に押し込めることはできないと断りながらも、こうした女学生たちの姿をつぎのように概括した。

一つだけ疑いようもなくはっきりしていることがある。本学の学生には、正しい道に立とうとする芯の強さがあるということである。民衆に奉仕したいという気持ちを、真剣な学問的関心や学問的活動に絢い合わせることを志し、実際そうする能力が備わっているのである。〔Kaufman 1912:93〕

学生たちは、困難な条件のなかで学生生活を全うすべく同郷団、相互扶助金庫、労働ビューロー、学生食堂と読書室などさまざまの相互扶助組織を結成していた。さらに、これら相互扶助的な団体と並んで学術系サークルや学生運動の指導組織があり、学生大会も頻繁に開かれた。学生大会には、全学の場合に六四％、学部別には約半数が「出席する」と回答し、「参加しない」とした回答は全体で三六％で、学生運動への関心の高さが顕著であろう。もっとも、これらの学生組織の政治的傾向は決して一様ではなかったし、政治運動や社会運動にすべての学生が共感したわけでもなかった。学業を疎かにして飛び跳ねた行動をしがちの運動指導者たちの高慢な態度に冷たい視線を投げかける学生も少なくなく、アンケートに対して憮然とした口調で、学生大会は「中身のないおしゃべりを繰り返しているだけ」で無意味だとし、「人と群れたくないのです。多数に従うことはできません。自分の意志だけをしっかりともちたいのです」と記すような学生もいて、こうした学生たちは革命的学生からは「アカデミスト」〔Valka 1965:273〕なる蔑称を投げつけられた。また、ストルィピン反動の進行とともに第一次革命時の興奮が遠ざかり、そうした変化が入学年度ごとの学生の気風の違いに影響する一方で、大戦直前の一九一二年から一七年まで再度学生運動が高揚して、政策を批判する数々の政治集会が労働者も参加して開催されるように、激しい揺れ動きをみせた二十世紀初頭から一七年革命までのロシアの政治気象が学生たちの意識や行動に微妙な影を落としてもいた。とはいえ、総じて、革命運動や学生運動がベストゥジェフの学園生活の重要な一こまであったことも事実であった。こうした運動と、カウフマンのいう「民衆に奉仕したいという気持ち」とが、同一ではないにしても深いかかわりを有したことは明らかであって、学問に裏付けを得ながら他者に奉仕する専門職者としての生き方と、社会変革を展望する革命思想や学生運動という二つの表現形式のあいだを揺れ動く学生たちのメンタリティをこそ読み取るべきであろう。

女性専門職者の世界と社会活動

最後に、学生の進路については、課程卒業生相互扶助組織のおこなった調査が利用可能である[Schepkina 1913]。これは、学校創立から一九一二年までの全卒業生を対象とした悉皆調査で、三千余名の消息が把捉されている。これによれば約半数の一五六七名が教職に就き、しかも高等教育機関にポストを得た者が七六名いた。最多は出身校ベストゥジェフ課程で、他もほとんどが新設の女子高等教育機関教員であるが、共学校や男子校にポストを得た例もあった。他史料によれば、第一期生・第二期生で高等教育機関の教職を得た者を九名輩出したのち、この種の職業に就くのは困難であったが、一八八〇年代末の危機をくぐり抜けた第九期生(九三年)以降ではコンスタントに複数(二名から六名)の高等教育機関教員(助手・講師・実習指導者など)が誕生している[Vysshie 1908:72–73]。他方、中等教育機関校長職にある者は九二名、男女のギムナジア、女学院、商業学校などの中等教員が八三四名おり、調査時点でもこの種の職への求人が多数寄せられていたという。また初等教育に携わる者も七〇〇名程度におよび、それらと並行して成人労働者教育の場の講師を務めた例も少なくない。他方、医療職に従事した者は一七三名であった。医学部をもたないベストゥジェフ課程では医療関係資格の取得はかなわなかったから、卒業後に内外の医療系教育機関に進学し、資格取得してこれらの職に従事したのである。文芸・文筆業に携わった者が多いのもベストゥジェフ課程卒業生の特徴で、調査への回答では一四七名がこれに該当したが、実際はもっと多いものと推定されている。さらに、工場・天文台等の理系専門職に就労した者は八四名で、このなかにはパリの有名なパストゥール研究所で研究に従事した者も含まれた。また、企業管理部門や事務職に就職した者が一一八名、このなかには例外的に弁護士活動に従事する機会を得た者も含まれた。さらに、職業上の活動に加えて社会活動指導者としても大きな役割をはたしており、女性運動・教育運動・福祉事業などに率先して関与した。

最後に、卒業生の家庭生活について。回答者三一七一名中一三五二名が既婚、一八一九名が未婚で、後者の多さが特徴的である。とくに一八九八年以降の卒業者で未婚率が高く、母性主義的教育論者の期待した家庭生活上の使命や幸福よりも、むしろ専門的職業人として生きることを選択する例の多かったことが示唆されている。これは、先にみた女子ギムナジア生徒の将来志向にみられた傾向が、実生活の場で実践されていたことを示している。報告者は「ニヒリズムの伝説を今なお維持し、その多くが髪の毛を短く刈り込み、流行を軽蔑し、家庭生活の秩序をあざわらっていた最初の八期生のほうが、一八九〇年代の卒業生よりも既婚率が高い」[Schepkina 1913:353]というシニカルなコメントを付しているけれども、職業機会が大きく開かれ始めたあとの世代の意識や生き方の選択がここには反映している。ちなみに、前出のベストゥジェフ課程学生を対象とした調査では在学生中に既婚者が一割程度おり、その半数以上が学生同士の結婚であった。また、教会婚を忌避した事実婚を実践した者が三分の一以上おり、親の世代に比して自由を享受し、離婚に対する抵抗感も低下していたという[Ivanov 1999:335–340]。結婚動機には、若気によるロマンティックな憧れに加えて、男子学生による女子学生への教導や哀れみを理由にしたパターナリスティックな態度も随伴したとはいえ、結婚をめぐる観念が著しく変化したのも「女学生」たちの相貌の一こまであった。

おわりに

かくして、帝政最末期の女学生らの世界は、半世紀前の社会変動期の女子教育政策の転換に際して為政者らが思い描いた図柄とは大きく異なるものとなった。性別役割分担に基づく西欧型近代家族イメージに準拠した官製女子教育理念にもかかわらず、時代の社会経済的条件と解放思想の広がりとが、そうした意図を大きく踏み越えた学習行動を喚起したのである。しかも、そうした行動は、政策を支えるイデオローグや官憲からは道徳的逸脱として革命運動と一体視されることとなり、また実際、少なくない数の学生たちが運動に連座したのであるが、これら突出した行動の裾野には、学問を身につけることで自立をはたし、獲得した知識を人民大衆の幸福のために生かしたいと願う素朴な気分が、流布される家族イメージや「女性の幸福」を峻拒する意思とともに、分厚く広がっていた。

半世紀におよぶ女子中等教育・高等教育はこうして、一方でたしかにロシア革命に繋がる急進的運動の担い手を生んだのであるが、同時に、専門職者として公共の福祉に貢献することを自身の使命として思い定めた女性をも生み出していたのである。しかもこの両者は、時に深刻な葛藤をはらみながらも、互換性のあるオプションであった。ベストゥジェフ課程の学生でレーニンの妻となったナデージダ・クループスカヤの社会活動上の起点が、文豪レフ・トルストイの示唆を受けて民衆のための出版活動に従事するところにあったことは、この点で示唆的である。一九一七年のロシア革命が、こうした社会的条件のうえに達成されたものであること、そして社会主義ソ連における女性の進出なるかつて広く受け入れられたイメージの前提にはこうした帝政期の変動があったこと、こうしたことに留意した革命の物語は今なお書かれてはいない。

参考文献

Albisetti, James C., The Feminization of Teaching in the Nineteenth Century: A Comparative Perspective, *History of Education*, vol.22, no.3, 1993, pp.255, 259.

Clements, Barbara Evans et al.(eds.), *Russian Masculinities in History and Culture*, Houndmills, New York, 2002.

Goldstein, Joshua S., *War and Women: How Gender Shapes the War System and Vice Versa*, Cambrigde Univeristy Press, 2001.

Healey, Dan, *Homosexual Desire in Revolutionary Russia: The Regulation of Sexual and Gender Dissent*, University of Chicago Press, 2001.

Hutton, Marcelline J., *Russian and West European Women, 1860–1939: Dreams, Struggles and Nightmares*, Lanham, 2001.

Ivanov, *Иванов, А.Е.* Высшая школа России в конце XIX–начале XX века. М., 1991.

Ivanov, *Иванов А.Е.* Студенство России kонца XIX–hачала XX века: Социально-историческая судьба. М., 1999, с. 335–340.

Johanson, Christine, *Women's Struggle for Higher Education, in Russia 1855–1900*, Mc'Gill-Queen's University Press, 1987, p.29.

Kaufman, *Кауфман А.* Русская студентка в цифрах, «Русская Мысль», 1912, кн.6, с.93.

Morrissey, Susan K., *Heralds of Revolution: Russian Students and the Mythologies of Radicalism*, Oxford University Press, 1998.

Naiman, Eric, *Sex in Public: the Incarnation of Early Soviet Ideology*, Princeton University Press, 1997.

Norton, Barbara T. et al (eds.), *An Improper Profession: Women, Gender and Journalism in Late Imperial Russia*, Duke University Press, 2001.

Rybnikov, *Рыбников Н.* Идеалы гимназисток. М., 1915.

Schepkina, *Щепкина Е.*, Деятельность окончивших С.-Петербургские высшие женские курсы, «Вестник Европы», 1913, кн.8.

Shabanova, *Шабанова А.* Женское врачебное образование в России (К 35-летию женщин-врачей в России), «Исторический Вестник», т.131, март 1913 г, с.953.

Slushatel'nitsy, Слушательницы С.-Петербургских высших женских (Бестужевских) курсов. СПб., 1912.

Slushatel'nitsy, Слушательницы Петроградских высших женских (Бестужевских) курсов: На втором году войны. Петроград, 1916.

Stites, R., *Women's Liberation Movement in Russia: Feminism, Nihilism and Bolshevism, 1860–1930*, Princeton University Press, 1978.

Vakhromeeva, *Вахромеева, О.Б.* Духовное пространство университета: Высшие Женские (Бестужевские) курсы 1878–1918 гг: исследование и материалы. СПб., 2003.
Valka, *Валка, С.Н. и др.* (ред.), Санкт-Петербургские высшие женские (Бестужевские) курсы (1878–1918гг.): Сбор. статей. Л., 1965.
Vysshie, Высшие Женские Курсы в С.-Петербурге. Краткая Историческая Записка. 1878–1908. Четвертое дополненное издание, СПб., 1908.
チェーホフ（湯浅芳子訳）『三人姉妹』（岩波文庫）岩波書店、一九五〇年
橋本伸也「帝制期ロシア女子教育の編成原理とその変容――身分制原理と母性原理」（『京都府立大学学術報告・人文』第四八号、一九九六年）
橋本伸也「十九世紀前半ロシアにおける教育の身分制原理とエリート学校」（『京都府立大学学術報告・人文社会』第五一号、一九九九年）
橋本伸也「女性医師課程の誕生と消滅――帝制期ロシアにおける女性医師と医学教育」（望田幸男・田村栄子編『身体と医療の教育社会史』昭和堂、二〇〇三年）
橋本伸也『エカテリーナの夢　ソフィアの旅――帝制期ロシア女子教育の社会史』ミネルヴァ書房、二〇〇四年
和田あき子「ナロードニキ女性革命家」（倉持俊一編『西洋史⑹　ロシア・ソ連』（有斐閣新書）有斐閣、一九八〇年）

第5章

二十世紀初頭ドイツの労働者文化とジェンダー

垂水節子

はじめに

一九一八年秋、第一次世界大戦に敗北したドイツでは、水兵の反乱に始まる、労働者・兵士の蜂起により帝政が崩壊し、共和政が成立した。この「ドイツ革命」(一九一八〜二〇年)と呼ばれる事態に、女性はどのようにかかわり合っていたのだろうか。例えば、革命の最中に暗殺されたローザ・ルクセンブルクはあまりにも有名であるが、社会主義女性運動や反戦運動で国際舞台でも活躍したクララ・ツェトキンの名もよく知られている。しかし、他の女性、とくに「無名の大衆」だった女性はどうであろうか。

本章では、この革命期を直接論じる前に、第一次世界大戦前の時期に遡って、労働者大衆をもっとも多く組織したドイツ社会民主党(SPD)を中心に、そのミリュー(生活環境)を含む労働者文化における女性、ないしジェンダーについて一瞥したい。ついで革命を醸成した大戦下の社会における女性の生活や行動が、本章の考察の中心となる。「革命」はそうした状況の結果にすぎない。

わが国においてドイツ現代史研究は、少なくとも量的には非常に進んだ分野であるが、そのわりには女性史ないしジェンダー研究は多くない。やや古くは伊藤セツ、近年においては姫岡とし子や田村雲供による市民派女性や労働者層の女性に関する諸研究、また若尾祐司の家族論がある(本章末邦語文献参照)。しかし、いずれも総合的な労働者文化という観点から論じたものではなく、また第一次世界大戦・革命期に焦点をあてたものではない。筆者はこの大戦・革命期における民衆のラディカルな動きを論じた著書[垂水 2002]において、女性については部分的にしかふれられなかった点を残念に思った。本章ではその欠損部分を多少補うつもりであるが、女性史ないしジェンダー論については初心者であるため、雑駁な素描にとどまる。

1　第一次世界大戦前のＳＰＤ系労働者文化における女性

フェミニズムに対するためらい

ＳＰＤの女性運動を論じたアメリカの女性歴史家クァータートの著書『気乗りしないフェミニズム』[Quataert 1979]のタイトルは、問題をよくいいあらわしている。ＳＰＤはエルフルト綱領(一八九一年)にもあるように、女性参政権や財産権などで両性の平等を唱える第二帝政ではほぼ唯一の大政党だった。しかし「階級闘争」が最優先され、党内では女性運動を担うツェトキンらの女性は、フェミニズムに関しては徹底できなかった、という意味である。たしかに大戦勃発までにSPDの女性党員は一七万五〇〇〇名と、世界最大の社会主義女性運動となり、ツェトキンの編集する機関紙『平等』の定期購読者は一二万五〇〇〇名にのぼった。しかし女性解放を主張しきれない、さまざまな矛盾が当時の社会はむろんのこと、党内にも存在したのである。そこでまず、この間の諸要因にふれておきたい。

第一は女性解放思想の理論的不備である。例えば、アウグスト・ベーベルの『婦人論』(原題は『女性と社会主義』、草間平作訳、岩波文庫、一九二八、五五、八一年)は初版の一八七九年から一九〇九年まで五〇版をかさね、総計二〇万部の売行きを記録した、大ベストセラーだった。大筋としては「階級社会」ないし「階級闘争」を説き、社会主義思想の普及という意味では貢献度は高かったものの、モーガンの名著『古代社会』(一八七七年)や、エンゲルスの『家族・私有財産の発生と国家』(一八八四年)などに依拠しつつ、理論的に首尾一貫したものではなかった。そもそも「ザクセン民主主義者」だったベーベルは、三月前期以来の自由主義思想や市民派女性運動、あるいはフランスの社会主義者、サン＝シモンやフーリエの女性解放思想の影響を受け、雑多な思想潮流のなかにあった。ツェトキンにしても、市民派女性運動の潮流にある「女性教師養成学校」で教育を受けた。ベーベルとツェトキンの時代に社会主義者は市民派女性運動と袂を分かったが、SPDが党是としたマルクス主義には、そもそも独自の女性解放論はなく、社会主義ないし共産主義社会が実現すれば、必然的に女性解放は達成されるというものだった。十九世紀の女性解放思想はJ・S・ミルや、マルクスが「空想的社会主義」として退けたサン＝シモンやとくにフーリエにおいて鮮やかに唱えられたことが、今日では広く認められている。

第二はドイツ労働者運動の底流にある「プロレタリアートのアンチフェミニズム」と呼ばれる傾向である。それは三月革命期以来の仕立工やタバコ労働者など、あるいはその延長線上にあるラッサール派の労働者組織、国際的にはプルードン派にみられた。女性労働者は低賃金で雇用されるため、男性労働者の賃金を圧迫する。女性の役割は家庭にある、という主張である。それは工業化にともなう新たな現象への反発であると同時に、前工業化時代の職人文化のもつ「男性同盟」的性格に由来していたといえよう。さらに工業化の始期のみならず、ドイツが本格的な工業国になっていく時期においても、例えばSPD系の自由労働組合中央の総務委員会議長レギーンは同様な発言をしていた(一八八九年)。「女性は男性に比べて脳味噌が少なく、体も弱く、多くをなしえず、家事と育児に適している」と。このような主張はレギーン個人に限らず、その後も組合運動にしばしばみられた。

第三の問題として、市民派女性運動との提携問題がある。さまざまな市民派女性運動は一八九四年、上部組織「ドイツ婦人団体連合」のもとに大同団結し、一つの興隆期を迎えたが、初期は治安当局とのコンフリクトを避けて、SPD女性運動との提携を拒否した。ところが、二十世紀にさしかかる頃、同団体のなかで急進派が優勢になり、事情が異なってきた。すなわち「母性主義」を軸に女性の権利を主張するボイマーらの穏健派に対して、シュテッカーら急進派は新しい見解をもった。女性参政権、売春の禁止、非婚の母への平等な権利、刑法二一八条の廃止による妊娠中絶の合法化などである。これらは英米のフェミニストよりラディカルな主張であり、SPDの年来の要求と変わらなかった。しかも市民派女性運動家のなかには、市民派のあり方に満足できず、SPDに党与する者もあらわれた。その一人がリリー・ブラウンで、大著『女性問題』(一九〇一年)を出版するなど、華々しく活躍した。しかしツェトキンは市民派との提携により、SPD女性運動が統合力を失うのを恐れ、真っ向から反対した。ハンブルクなど一部の地方ではSPD女性組織は市民派との協力に積極的だったが、リリー・ブラウンが住むベルリンでは、女性組織はツェトキンの勢力下にあり、リリー・ブラウンには冷たい反応しか示さなかった。結局、市民派女性運動との提携は実現しなかったが、この問題は世紀転換期のSPD修正主義論争の「女性版」であり、ブルジョワと労働者層という二つの世界を隔てる壁は、女性の場合、非常に具体的で身近にあった。二つの女性運動の鋭い対立点は、家事奉公人の問題にあった。SPDは家事奉公人にも八時間労働制の導入と組合組織化をスローガンに掲げており、市民派の女性はこれには猛反対だった。彼女たちは家事奉公人を自由に使用できてこそ、女性運動や社会福祉的な活動が可能だったからである(詳しくは[姫岡 1993:65-108;フレーフェルト 1990:101-136]参照)。

SPD家族運動として

ここでSPD女性運動の組織上の実態と意味を、おもにエヴァンズのテーゼによりながら[Evans 1979:201-209]確認しておきたい。一九〇八年に帝国結社法が改正されるまで、ハンブルクなど若干の邦を除いて、女性と青年の政治活動は禁止されており、女性は党員になることができなかった。労働者運動に女性を獲得するための活動は、組合の扇動委員会などを通じておこなわれ、一九〇〇年の民法改正後は女性信任者の育成や、全国党大会と結びついた女性会議の開催などが試みられた。女性が正式に入党できるようになった一九〇九年以後女性党員の伸びは著しく、〇七年は二万名弱(全党員中の二・一％)だったものが、〇九年六万二〇〇〇名(九・八％強)、一四年一七万五〇〇〇名弱(一六・一％)となった。男性党員の伸びが一九一〇年頃で頭打ちになったあと、SPDの伸びを支えたのは女性党員の増加だった。

他方、自由労組の女性成員の増加はずっと鈍かった。一九〇七年一三万七〇〇〇名弱(全組合員中の七・三％)に対して、一四年二一万名強(一〇・一％)である。元来、女性労働者は農業など第一次産業の従事者が約半数を占め(女性就業者全体のうち一八八二年五五・五％、一九〇七年四六・七％)、工業化が進展したとはいえ、工・商業部門(同上年一六・八％、一四・五％)は家事奉公人(同上年一九・五％、一四・五％)とあまり変わらない。しかも「女性工業」と呼ばれた衣類製造、繊維、洗濯、食品製造業などは本来組合組織化が困難な部門だった。また金属・化学・電機産業のような新しい部門に従業する女性が増加しつつあるとはいえ、補助労働や半熟練労働が多く、さらに女性は比較的就労年数が短く、臨時・季節労働が多いなど、概して「労働予備軍」的な存在で、組合組織化にとって障害が大きかった。

したがって、党と組合の女性成員の伸びには著しい差があり、SPD女性運動は組合に属していない既婚女性が多く、彼女たちは就労していても、パートタイム的な労働がほとんどではないかと推定される。一九〇六年頃から党組織の拡大・整備に本腰を入れ出したSPDでは、役員層を中心に自分の妻や娘を入党させることによって、支部組織の拡充をはかった。概して、専門技能をもった熟練労働者は「妻を働かせなくてもよい」ということが、稼ぎのよさの証として誇りだった。党活動の中心部分はこのような技能労働者によって担われていた。他方、低賃金の不・半熟練労働者の多くは夫婦共稼ぎをよぎなくされ、少なくとも妻までが党費や組合費を払う余裕はなかった。帝国結社法の改正にともない、ＳＰＤの青年運動も活発になった。すると、ＳＰＤは中年男性党員を中心に、その妻、息子、娘をも加えた家族ぐるみの運動になった。

さらに、多くの都市には労働者居住地区があり、そうした街区では家族あるいは親類中がＳＰＤや組合の活動に携わる、ミリューの運動が形成されつつあった。そこでは体操、サイクリング、コーラス、演劇等々のＳＰＤ系余暇団体、あるいは協同組合が発達し、季節によっては週末に子ども連れのピクニックに参加することも可能だった。このような労働者文化は帝政期に始まり、ヴァイマル時代に栄えた。ただし、余暇団体を利用したのは圧倒的に男性だったと思われる。例えば、ＳＰＤ系合唱団の成員は一九一四年一〇万八〇〇〇名弱だったが、そのうち女性は一四・四％にすぎない。成員の多いサイクリングや体操クラブでは、女性はずっと少なかったはずである。またＳＰＤミリューの発達した都市にはどこでも、ＳＰＤ系の人びとだけが出入りする酒場があり、男たちがそこでおおいに議論をし、戦術を練ったりしているあいだ、女たちは家事・育児に追われていた、というのがＳＰＤ家族の実態だったであろう。「女は台所、男は酒場の常連客テーブルに」といわれるところである。

もっとも、ＳＰＤの女性は家事の合間をみては、政治活動に励む者も多かったはずである。大戦前夜、ＳＰＤ女性運動は活況を呈した。例えば、社会主義国際女性会議が一九〇七年以来各国で開かれていたが、一九一〇年にドイツでは女性参政権を要求する「国際婦人デー」を毎年三月に開催することが決まった。翌年三月十九日全国各地で大集会が開かれ、ベルリンでは四一カ所になり、典型的な労働者居住地区であるウェディンクやモアビッツでは五〇〇〇人規模の大集会となった。続いてプラカードや横断幕を掲げてデモがおこなわれた。翌年以後はこの第一回ほどには盛り上がらなかったものの、同様の行事が続いた。ＳＰＤの女性向けの催しは、読書の夕べや講演会もあったが、多くの女性の関心を集めるものではなかった。当局の記録には、労働者層の女性は講演会などより、むしろ街頭デモに好んで参加する、とある。党指導部もほぼ同様の見方をしていた。

市民型家族への志向

ジョージ・Ｌ・モッセは近代の国民国家を支える原理として、「市民的価値観」（リスペクタビリティ）を重視する。これはブルジョワの秩序立った上品な生活態度と家庭生活ないし家族関係を意味し、工業化にともない全般的なものとなり、安定した秩序ある社会の規範となった、と［モッセ 1996:9-11］。その核をなすのが家父長に大幅な権限を許す小家族であるが、そうした「市民型」家族が二十世紀ドイツの労働者層のなかで、どのようなあらわれ方をしたのか、つぎに二つの問題を通じて考えてみたい。

第一は「未婚の母」の減少傾向である。シュテファン・バヨールは北ドイツの一都市、ブラウンシュヴァイクの事例研究を通じて、これを証明する［Bajohr 1981］。同地はＳＰＤ労働者文化が典型的に発達した都市で、筆者にとっても長年の研究対象としてなじみ深く、理解しやすい［垂水 2002:41-128］。バヨールによると、同市では一九〇〇〜三〇年のあいだ、非婚のまま出産する女性の数が減少しており、それは全国的傾向と一致する。ちなみに、非婚女性一〇〇〇人のうち出産した者は一八九五年三二・九人、一九一〇年二四・五人となり、この傾向は一九三〇年まで続く。このような「未婚の母」の社会的出自は、記録に残っている住所から推定できる。結論的には特定のミリューの現象で、労働者居住区に多い。一九二〇年代になると新旧労働者街に明瞭な差がみられ、「未婚の母」が多いのは旧市内の「古くからの労働者街」で、貧困層が多く居住した。「新しい労働者街」とは、旧市街の外縁部にある、工業化にともない建設された大工場の周辺で、専門技能をもった熟練労働者が多く居住した。ただし婚外子の三分の一以上は、一歳になるまでに父方に入籍ないし類似の処遇を受けた。そもそも非婚出産は珍しい現象ではなく、民衆のあいだでは昔から子どもが生まれたあとに「結婚」するのが普通だった。逆に問われるべきは、なぜ労働者ミリューで社会的に承認された家族関係への願望、つまり市民的規範が支配的になったのか、という点である。「同棲」を規制する当局の圧力はともかく、主因としては、労働者は一九二〇年代においても依然「無産」で、父系家族の原理である財産の相続は問題にならなかったが、専門技能労働者は自分の子どもにも父親と同様の職を得る教育を受けさせることが可能な経済状態にあり、それを望んだとバヨールは結論づける。

第二の問題とは、大戦前夜の一九一三年ベルリンのＳＰＤで沸いた「出産ストライキ」論争で［Linse 1972; Bergmann 1983］、これは労働者層の少子化・小家族への志向に直結する。ドイツでは一九〇〇年頃から出生率の減少が始まり、それは労働者階層のあいだでも明瞭で、帝国主義的な国力増強をはかる為政者にとっては由々しき問題だった。例えばベルリンでは、一九〇〇年以前は富裕者地区で出生率が最低だったが、同年以後は労働者地区でも低下が顕著になり、〇六〜一一年には富裕者地区より労働者地区のほうが減少率が高かった。妊娠中絶法(刑法二一八条)や避妊薬販売禁止法(刑法一八四条)の強化、あるいは教会関係者の反対にもかかわらず、避妊は都市のみならず農村にも広く浸透していた。

ＳＰＤでは産児制限の問題に定見はなく、一九一三年の論争の火付け役はＳＰＤ系の二人の医師だった。ただし「出産ストライキ」という言葉は一九〇三年チューリヒで出版された一書に始まり、フランスのサンディカリストのあいだでは「革命的闘争手段」として受け容れられていた。この問題をテーマとするＳＰＤ女性集会が一九一三年八月ベルリンで開かれると、数千人の女性が押しかけ、政治的闘争手段として「出産ストライキ」を唱える二人の医師に、歓呼や拍手喝采をあびせた。他方、党を代表してローザ・ルクセンブルクとツェトキンは、避妊は「私的な問題であり、党は関与しない」と反論したが、集まった女性たちはおよそ耳を傾けなかった。上記の医師一名のもとに、一〇人の女性から成る「出産ストライキ」宣伝委員会がつくられた。その中心はベルリン北部の典型的な労働者地区ウェディンクに住むＳＰＤ党員の女性たちで、一人は金属労組女性委員会のメンバーでもあった。彼女らの関心は少子化による自らの生活の向上にあり、著名な女性リーダーの政治的見解ではなかった。生活に根を張った労働者層の女たちの、自律的な動きを看取できる。

2　大戦下の女たち

「祖国防衛」

一九一四年八月第一次世界大戦が勃発すると、ドイツの帝国首脳部や軍部の短期決戦の期待に反して、戦争は四年三カ月続き、この間の犠牲者は膨大な数にのぼった。召集された男子は一三二五万人、うち戦死者一六九万人、戦傷などでのちに死亡した者は二四〇万人である。死亡した者の半分以上が二十五歳以上、三分の一近くが既婚者だった。すると、この数に相当するだけの遺族、つまり戦争未亡人や遺児、あるいは戦死者の両親がいたのである。ちなみに寡婦になった女性は三七万人あまり、遺児は一〇三万人あまりだった。

開戦とともに戦争協力に転じたＳＰＤと自由労組にとって、こうした戦争犠牲者の救済などが急務になり、党・組合員の女性に市民派女性運動とともに地方自治体で救援活動を担うよう要請した。他方、市民派女性運動は戦前からさまざまな民間団体を通じて社会奉仕活動をおこなってきたが、戦時の「銃後」においてこそ十二分に使命をはたすべきとして、ドイツ婦人団体連合はいち早く八月一日に公的承認のもとに「婦人祖国奉仕団」(Nationaler Frauendient)を結成し、「赤十字社」など婦人団体連合の傘下にない諸組織とも協力をはかった。ＳＰＤ女性運動にとって問題なのは、救援活動と戦争に対する批判との兼合いだった。開戦後も『平等』紙には国際平和の主張があり、一九一四年秋以後検閲による空欄がしばしばみられた。とはいえ、ツェトキンも労働者層の女性の情報網や救援活動に熱意を示した。公式には、一九〇八年以来党幹部会の一員であったルイーゼ・ツィーツが、開戦直後に党指導部の方針にそって救援活動を呼びかけた。またSPD女性組織は「婦人祖国奉仕団」との協力は拒まないが、同組織に加盟することなく、独自の活動をおこなう、というのが全体の方針だった［*Die Gleichheit* 28. Aug.; 4. Sept. 1914］。

ただし、市民派女性運動との連携の実態は、地域によって異なった。ベルリンではこの方針どおり「婦人祖国奉仕団」に加盟することなく、九月初めまでにSPD女性六五〇人あまりが市当局の支援活動に任用され、二三の各種委員会で市民派女性とともに仕事をしていた。ベルリン郊外の二つの自治体では、十月初めまでに一二〇〇名のSPD女性が支援活動に応じた、と報じている［*Die Gleichheit* 2. Okt. 1914］。「婦人祖国奉仕団」との関係という点で、ライプツィヒやブレスラウのSPD女性組織はベルリンと同様だったが、ケルンやハンブルクでは同団に加入しての活動だった。ケルン市では例えば失業保険制度が全国に先駆けて早期（一八九六年）に導入されるなど社会福祉が進んでおり、そのためツェトキンより一世代若いマリー・ユーハッツ（一八七九〜一九五六）がおおいに活躍した。ハンブルクでは既述のごとく女性の政治活動が例外的に早くから可能で、SPDは長年強力な組織力をもち、大戦中は大部分の党員が戦争協力派だった。つまり市政や市民派女性との協力の程度は、地域の伝統や状況に左右されていた。

SPDの戦争協力派や市民派女性運動が自治体での支援活動に積極的だったことの背後には、それぞれに思惑があった。SPDは第二帝政の救貧政策やキリスト教者の慈善事業にはかねてより批判的で、これを民主化された社会福祉制度に改めるべきと考えており、戦時は実現の好機でありえた。また市民派女性運動は穏健派ですら一九〇二年以来女性参政権を主張しており、戦時に女性の公的活動が高く評価されれば、戦後に参政権獲得への道が開かれるはず、という期待があった。だが、SPD女性の支援・福祉活動には、大きな限界があった。大戦の長期化にともない党員・組合員数は激減し、多くの女性が就労し、買物の行列に長時間を失うなど、救援活動の余裕がなくなっていった。また反戦派がしだいに増大し、党が分裂していくなかで、スパルタクス派を形成するルクセンブルクやツェトキンはもとより、ドイツ独立社会民主党(USPD)に加わることになるツィーツなど著名なリーダー、ないし組織活動のベテラン女性の大部分は反戦派になった。階級とジェンダーによる二重の抑圧に長年抗してきた彼女らにとって、支配体制への協力は土台不可能だった。逆に地域レベルでの救援・福祉活動を担ったのは、一九〇八年以後SPDの運動に加わった若い世代の女性で、彼女たちは戦時中に経験を積み、戦後ヴァイマル体制において実力を発揮する。前記ユーハッツはその典型で、彼女は一九一七年ツェトキンが党幹部によって『平等』編集部から追われると、その後任になり、党幹部会入りし、十一月革命時に「労働者福祉局」を創設、ヴァイマル期はこの部署で活躍した。

女性労働の変化

大戦は女性の生活を急激に変えた。とくに労働者層の既婚女性にとって、後述の買出しなどのため家事労働が増大したうえに、職業労働が不可欠になった。夫が軍役に召集され、あるいは戦死した場合、公的な家族手当や遺族年金だけは、物価騰貴のなかで一家の生計は成り立たなかった。ちなみに、「戦士の家族」への手当は兵士の階位と扶養家族数によって決まり、熟練労働者の家族で子どもが一人の場合、最初は月額三〇マルクで、夫が戦前に得た賃金の平均二三・三四％にすぎず、子ども四人の場合では、四九・五六％になるにせよ、家賃の平均二六・七一マルクを差し引くと残りは零に等しかった。不熟練労働者の場合、割合はやや良くなるが、困難度に差はなかった。そのため、兵士のなかには俸給の一部を家族に仕送りする者もいた。逆に、ごく少数と思われるが、戦争の初期には「戦士の家族」への手当が戦前の賃金と変わらない、もしくはより高いというケースもあった。

大戦により女性就労者が急増し、ひいては女性の「社会的進出」ないし「解放」がにわかに進んだ、という印象が一般にあり、かつてはそういわれていた。しかし現在ではこの見解は否定されており、ダニエルが強調するように、女性の就労者は十九世紀末以来しだいに増加しており、戦時はその延長線にすぎず、この傾向は戦後も続いた。大戦中に変化したのは、女性が就労した部門だった[Daniel 1989：14–16, 256–265]。すなわち開戦とともに女性労働者の多い繊維業や衣料製造業などでは、輸入の途絶による原料不足のため閉鎖や短縮操業となり、従業員は失業ないし短時間労働となり、女性労働者は大量失業に追い込まれた。失業した女性はやがて弾薬製造などの軍需産業に流れ、それまで農業労働や家事奉公など非軍需産業に携わっていた女性も同様だった。

大戦後半期は武器・弾薬製造の倍増を企図するヒンデンブルク計画により、一九一六年十二月に成立した「祖国労働奉仕法」のもとで、女性は軍需産業にほぼ強制的に就労させられた。ただし、同法では十七〜六十歳の男性の軍需産業への就業が義務づけられているものの、女性については明瞭な規定がない。それは同法の成立過程において見解が分かれたことによる。軍部は女性にも労働を強制することを望んだが、政府は女性労働力がすでに供給過剰であること、身体的・家庭的負担の過大さなどにより反対した。事実、開戦後増加しつづけていた女性の求職者が、一九一六年半ば頃になると減少し始め、その後さらに減少する恐れがあった。同様に反対したのは軍需関係の企業家と労組代表で、ともに熟練労働者を優先したかったのである。労組幹部によれば女性は男性の熟練労働者の「不快な競争相手」で、熟練技術の価値を薄めた。「プロレタリアのアンチフェミニズム」という伝統的思考がここでも顔を覗かせていた。

他方、軍部の方針に積極的に協力したのが、既述の「女性祖国奉仕団」だった。女性は徴兵されないのだから、祖国に奉仕するために軍需産業での労働義務があると考えた。そして婦人団体連合の代表、マリー＝エリザベト・リューダースのもとに一九一七年一月「女性労働中央本部」(Frauenarbeitszentrale)が設置された。その事務局として「戦時女性労働祖国委員会」があり、三六の女性団体と自由労組の「女性労働委員会」が加入し、各地に支部ないし同系の支援組織ができ、一九一八年初めまでに、全国で約一〇〇〇人の女性が多くは無給で仕事をした。元来、リューダースらは女性や家族のための社会政策をより強く望み、さらに戦後に女性参政権を獲得するために、積極的に協力した。だが、当面は「女性労働の軍事化」が徹底し、軍需労働の強制のみならず、職場の選択も個人の任意ではなく、関係機関が能力などによって振り分けることになった。もっとも、市民女性、とりわけ上層ブルジョワや貴族の女性で「祖国労働奉仕」に応じた者はまれで、家事奉公人に代行させる者もいた。また同法は女子学生にも適用されるはずだったが、約五〇〇〇人いた女子学生のうち、応じたのは数百人で、それも休暇期間のみだった。

ともあれ、「祖国労働奉仕法」によって女性の軍需労働者は、一九一七〜一八年に大幅に増加した。すなわち女性就労者は一九一七年末に三六〇万人、一八年初めには四〇〇万人、そのうち七五万人が軍需工業に従事していた。戦前と比較すると、五大軍需産業である機械製造、化学、金属加工、鉱山・製塩、選鉱・製鉄業における女性従業員は一九一三年には一一万三七〇〇名だったが、一七年末には七〇万二一〇〇名と五倍以上になった。ほかに電機産業でも五・六倍になった。これらは戦前は典型的な男性の職業部門だった。逆に衣類製造、繊維業など伝統的な女性産業ではこの間二七・五〜四四・二％の減少をみた。女性が多くなったことでめだったのは路面電車などの交通業で、どの都市でも女性の車掌がみられ、なかには運転手もいた。また郵便の配達や窓口業務でも同様だった。

このように女性は総動員体制を支える重要な部分となったが、彼女たちの労働環境は劣悪だった。開戦とともに、女性・若年労働者の保護規定は廃止され、女性も超過勤務や夜勤、場合によっては三交代制による深夜労働、あるいは日曜勤務が強いられた。物価騰貴による実質賃金の低下が明瞭で、女性労働者の実質賃金は一九一四年三月に対して、一八年九月は平均七三・六％になった。悪化の度合は男性の場合(平均六五・七％)より小さく、男女の賃金格差の平準化といえるが、もともと女性は不熟練労働者が多く低賃金だったので、その恩恵は少ない。

食糧暴動

大戦下の生活難のなかでも、最大の問題は食糧難だった。植民地をもつイギリス・フランスとは異なり、ドイツでは食糧の輸入依存度が高く、長期戦にたえうる備蓄や管理制度を考慮することなく、戦争に突入した。そこで一九一四年十月にはまずパンの欠乏、ついでジャガイモの不足、および全般的な食糧価格の高騰が始まった。その後漸次、小麦の不足を補うための「戦時パン」や最高価格、そして配給制度の導入が試みられたが、いずれも「焼石に水」的な政策だった。一九一四年秋以後SPD紙などさまざまなレベルで、食糧問題に対する抗議がおこなわれたが、もっとも直截な表現が食糧暴動だった。つぎに、おもにデイヴィスの研究によりながら、ベルリンにおける食糧騒ぎないし暴動をみたい[Davis 2000:76-99]。

人口二〇〇万人(一九一〇年)の帝都ベルリンは、行政都市であると同時に、機械製造業を中心とする大工業都市で、衣料製造業など家内工業を含め女性労働者も多く、何よりも労働者の町だった。ちなみに、一九一二年国会選挙でSPDは大ベルリンで得票率七五・三%を記し、なかでも東側周縁部では八二・四%、郊外のノイケルン(ポツダム二区)では八三・七%という圧倒的な数値だった。この得票には、中間層もある程度含まれていたと考えられる。またSPD党員は一二万名あまりで、うち女性は二万二五〇〇名(一八・八%)と、女性運動も盛んで、SPD系労働者運動の全国センターとしての機能をもはたしていた。

一九一四年秋ベルリンではジャガイモ価格が戦前の二倍になり、低所得者に打撃を与えた。食糧不足のため一九一五年一月バター騒動があり、二月の第二週には「ジャガイモ戦争」が起こった。町のあちこちでジャガイモを買うため数百人の人びとが行列をつくったが、順番がくる前に売り切れる恐れがあった。騒ぎのクライマックスは市内北部の労働者地区にある広場で、「数千人の女・子ども」が順番を待ちきれずに起こした事態だった。ベルリンの場合、こうした自然発生的な食糧暴動は、政治性を帯びた反戦派の動きと連動しやすかった。この「ジャガイモ戦争」ののち、一九一五年三月初め一五〇〇人の女性が物価騰貴に抗議して、国会議事堂に向かった。一定の組織性がうかがわれ、SPD女性運動と無関係ではなかったはずである。すでに一九一四年十二月初めカール・リープクネヒトが国会で反戦の第一声をあげており、長年SPD女性運動の担い手だったケーテ・ドゥンカーも、一二年以来ベルリンで活躍し、やがて夫のヘルマンともどもスパルタクス派に加わった。ベルリンは同派の拠点となる。

一九一五年春は豚肉とラードが著しく欠乏し、夏から秋にかけてバターの価格が高騰した。この秋ベルリンやライプツィヒでは数日間続くバター騒動が起こった。大戦前ドイツで消費されたバターの三分の一から二分の一は輸入によっていたが、戦時に中立国からの輸入も限られてくると、国内産のバターは高値で富裕者向けとなり、貧困地区の食料品店にはでまわらなくなった。北ドイツの冬は寒く湿度が高いため、脂質の需要が多く、ベルリンのバター消費量は全国平均をはるかに上回った。この大都市では十月十四〜二十日、食糧をめぐる「過激な行動」ないし暴動が五〇件起こっており、うち四二件がバター関係と報告されている。その原因としてバター価格の高騰、店主の無礼な態度、悪天候のなかを数時間も行列したすえ入手できないといった絶対的な品不足のほか、チェーン店の問題があった。世紀の交ころからあらわれたチェーン店に対しては、不正価格など、とかく不信感が強かった。ある大手のチェーン店に噂が集中した。バターを貧困地区から富裕地区に移した、高値で売り、顧客とよい関係を保つためだ、といわれた。上記四二件のバター騒動のうち一六件は、このチェーン店の前で起こった。

騒ぎは市内東部のフリードリヒスハインや東側郊外のリヒテンブルクといった労働者地区で起こり、貧困層や労働者層の女性が中心となり、十代の若者と酔払いが加勢した。最初の二日ほどはバターなどの高値に対する抗議デモだったが、そのうち野次や怒声が飛びかう騒ぎとなり、ショーウィンドーが壊され、食料品が奪われた。三日目にあたる十月十六日の土曜から翌日にかけて、買物の時間に一四件の騒動が起こり、数千人の女性が加わった。騒ぎはノイケルンなど郊外に飛火した。軍指令部の声明により、バターの最高価格の設定や違反者の罰則が示され、いったんは騒動がおさまった。続いて十月十八～二十日、今度は市内の名だたる労働者地区「赤いウェディンク」で「肉・ラード戦争」が起こり、六〇〇〇人近くがデモをおこなった。ただし先のバター騒動ほど大規模な騒ぎにはならなかった。貧しい消費者のあいだでは、商人の売控えの噂がつねにあった。しかし、当局の対策は、食糧生産・販売者である農業界や商業界との関係を慮って、不決断で矛盾に満ちていた。例えば食糧配給券制度を導入すると、商人のみならず、裕福な消費者を怒らせ、結局、ブラックマーケットが繁盛した。一九一六年五月戦時食糧庁が設置されたが、抜本的な解決にはならなかった。

一九一六年初夏から盛夏にかけて、全国各地で食糧暴動が起こった。それはベルリンやブラウンシュヴァイクでの大規模な反戦スト、あるいはブレーメンやルール地方での賃上げ・食糧要求ストと相前後していた。工場などのストライキと街頭での自然発生的な食糧暴動は、本来ひと続きの行動だった。軍需工場には相当数の女性が労働しており、そのなかには家庭の主婦も多く、彼女らは職場への行き帰りや週末に、買物のため長蛇の列に並んだ。疲労困憊したなかで苛立ち、やがて騒動におよんだのであろう。彼女らは工場ではストライキに積極的に加わったでもあろう。

つぎに、一九一六年八月と翌年冬のハンブルクおよび南独ニュルンベルクでの食糧暴動について、紹介したい。

ハンブルクはベルリンにつぐ大都市(人口約九三万人、一九一〇年)で、ベルリンほどではないにせよ、SPDが強かった(一九一二年国会選挙で得票率六一・二%)。ただし、大戦中ベルリンではSPDの大部分が反戦派になっていったのに対して、ハンブルクではUSPDや急進派はごく少数で、既述のように、SPD女性運動も「城内平和」体制の一翼として、市民派女性運動とともに「婦人祖国奉仕団」のなかにあって、各種の支援・福祉活動をおこなった。例えば、大戦中多くの大都市で公設の「民衆食堂」ができたが、その利用率はハンブルクが全国で最高(人口の一八%)だったことは、その成果の一つと考えられる。しかし食糧難はそうした政策をもって乗り切れるものではなかった。

ハンブルクにおける最初の食糧暴動は一九一六年八月十九日をピークとするもので、前日夕方の反戦デモに触発されて起こった。これは同地における最初の大規模な反戦行動で、SPD青年組織のメンバーが中心となり、二〇〇〇人が参加した。そこには党・組合組織に無関係な女性が多数いた。八月十九日労働者地区で起こった食糧暴動は、他の都市と類似の光景が記録されている。すなわち「下層の女性、十代の若者、そして子どもが最初はわめき、口笛を吹き、やがて子どもたちが「パンをよこせ、パンをよこせ、ぶっ倒れそうだ」と叫び、そしてパン屋のショーウィンドーが壊され……」と。結局、この晩から翌日にかけて約六〇軒の店がガラスを割られ、食料品を持ち去られた。行動を起こしたのは女性と若者が圧倒的に多かったが、成人男子が加わったところでは、彼らは積極的役割を演じ、一種の役割分担がおこなわれているかのようだった。男たちが警官と力づくでもみ合っているあいだに、女たちは食料品店で略奪に専念した。しかも若者はひどく戦闘的で、警官めがけて灰皿やビンや石を投げるなどして、捕まらないようにした。

この暴動で三七人が逮捕されたが、「ハンブルクでは野菜暴動で七〇人が射殺された」という噂が九月初めベルリンで流れていた。それは誇張であるにせよ、十月末の裁判の結果は過酷で、例えば四十三歳の埠頭労働者は、警官の背中をゲンコツで殴っただけで、禁固四年となった。四名の女性が窃盗罪で禁固刑になった。現行犯の逮捕だけでなく、その後の目撃者の不確かな証言によるものも多く、例えば、ある女性は白ワイン一本と蟹の缶詰三個を家に持ち帰ったところ、息子の嫁の証言に基づき、禁固十カ月となった。もしかすると、日頃から仲の悪い嫁と姑で、しかも出征兵士の留守宅での話だったかもしれない。また、ある「戦士の妻」は酒屋でラム酒とコニャックを奪い皆に分け与え、禁固二年となった。「ストックを全部もっていけ。うちの亭主に奴らを射ち殺させるさ」と言った、という。SPDを中心とする「城内平和」が強固なところでは、こうした裁判はいっそう過酷だったとも考えられる。他方、この頃になると、高級住宅街にも反戦的な気分が漂っていた。

ハンブルクにおけるつぎの大きな食糧暴動は、一九一六〜一七年にかけての「かぶらの冬」の最中で、暴動に加わった者のなかには十四〜十六歳の実業学校の生徒が多数いたということは、飢餓が中間層にも広がっていたことを意味する。また個々の行動にかなり意識的な一定のパターンがあり、暴動は自然発生性のなかにも「半組織的」性格を帯びていた。警察記録によると、最初は若者の一人が店にはいってきて、パン券なしにパンを要求し、パン屋が断ると、突然一〇～三〇人の群集が押し入ってきた。パン屋が恐れをなしてパンを渡さなければ、店にあるパンを勝手に持ち去った。この場面は一～二分で終わり、群集はつぎの店に向かった、という。つまり警官が事態を制御できないように工夫されていた[Ullrich 1982:48-71]。

バイエルン最大の工業都市ニュルンベルクの食糧暴動は、ハンブルクとほぼ同時期の一九一六年七月六～八日と翌年三月十二～十三日に起こった。情景はどこでも大同小異である。前者のケースでは、暴動はやがて二〇〇〇人の群集に膨れ上がり、警官隊が出動したものの、デモ隊との衝突では弱腰だった。警官隊の大部分は失業者から成っていたため、デモ隊に共感したからである。後者、一九一七年三月のとき、市当局は労働組合の協力を得ようとしたが、無意味だった。この町のキリスト教金属労組の幹部が言った、「労働者の指導者の影響がおよぶのは男たちだけ、理性の働く男たちだけだ。女や若者は深い考えもなく、本能的に行動し、尻馬に乗るのだ」と[Schwarz 1971:148-152]。伝統的なドイツ労働者運動は、たしかに男たちのものだった。なお、ニュルンベルクでもSPDは強かったが(一九一二年国会選挙の得票率六一・二％)、北ドイツとは異なり、自由主義左派との協力関係があり、それは市政に反映されていた。ちなみに、リリー・ブラウンの夫ハインリヒ・ブラウンは、弟のアードルフとともに、SPD改良派としてこの町で活躍した。

公共圏・対抗公共圏・家族

そもそも、第一次世界大戦によるドイツの政治・社会の根本的な変化は、公共圏の変容を軸にとらえることができる。例えば開戦時の「愛国的高揚」が街頭でのカーニヴァル的大衆行動をもって表明されたように、大戦下に新しい公共圏が成立し、逆に帝政的公共圏が著しく機能低下したという(詳しくは[木村 1999:183-203])。また大戦下の食糧暴動やストライキ、あるいは諸種の反戦行動の生成を「対抗公共圏」との関連で考えることが可能である。戦時の戒厳状態のなかで新聞の検閲などの報道管制や、集会・デモの規制強化によって、これに反対する人びとの動きやコミュニケーションは、インフォーマルな領域に閉じ込められ、「対抗公共圏」を形成する。例えばＳＰＤ青年組織のような一つの組織の下部集団、討論サークル、非合法文書、工場内、労働者街、酒場、街頭、電車のなかなどが、それにあたる。しかも諸種の反戦行動はしばしば戦前からの対抗文化との関係が深く、それゆえＳＰＤミリューが問題になる。

前記のデイヴィスによると、買物の行列は瞬時に「集会」に変わり、大声をあげて叫び、しゃべりまくる女は「集会の弁士」と同様、アジテーターなのである[Davis 2000:52]。つまり買物の行列は一時的な「対抗公共圏」となって食糧暴動を生む。それがしばしば労働者居住地区で発生することは、労働者街が本質的に「対抗公共圏」を形成しやすいからである。筆者が旧稿において一都市における相対的に大規模な反戦ストライキを、労働者街におけるソシアビリテ(日常的絆)との関係で論じたのは、このような意味においてである[垂水 2002:91-105]。

当然ながら、「公共圏」と「対抗公共圏」の境界は曖昧かつ流動的で、両者が重複することもある。例えば、とくに戦争の初期におおいに話題になった「戦士の妻」の「浪費」の問題がある。既述のごとく、出征した兵士の家族に対する公的扶助は相対的によく、子沢山の場合はとくにそうであった。そのため戦前より家計が豊かになるケースが、戦争の初期にはみられた。すると「戦士の妻」が子ども連れで喫茶店でケーキや生クリームをどっさり食べている、あるいは定期的に映画館に行く、といった類の噂話である。ちなみに、ケーキは大戦前のドイツでは中間層のステータスシンボルになっており、しかし一九一四年秋には下位中間層にとってケーキを食べることが不可能になっていた[Daniel 1989:177–183; Davis 2000:33–38, 51–53]。それゆえこの種の批判は、社会的地位が相対的に低下する中間層から多くでたと考えられる。他方、『平等』を含むSPD紙は、「戦士の妻」より失業者への公的扶助を要求していた。ともあれ、政府は前線兵士の士気高揚のため家族手当に力を入れたが、それに批判的な噂話や世論が、警察報告(対抗公共圏の監視)にもSPD紙を含む新聞(公共圏)にもみられた。

同様に微妙なのが、前線兵士と家族との「文通」とその影響力である。大戦中にドイツ本国の家族・友人・知人と兵士とのあいだでかわされた手紙・葉書・小包などは膨大な量にのぼり、前線と本国の情報交換は密であった[木村 1999:196]。しばしば引用したデイヴィスの研究はこの点が理論的ネックとなっており、銃後の女たちが戦場の夫や兄弟、息子との文通を通じて、政治を動かす重要な要因になったとみる。すなわち、検閲にもかかわらず、家族からの「嘆きの手紙」が兵士たちに届き、とくに食糧不足に関するものは前線兵士の士気に直接影響することを、政府や軍部など当局は十分気づいていた。また兵士からの手紙はしばしば新聞に掲載されたので、国民自由党系の新聞すら政府の食糧政策の中途半端さを批判する場合に、兵士の手紙を利用した。軍部ないし治安当局にとって食糧暴動を鎮圧すること自体は容易だったが、それが前線兵士に与える影響を考慮して控えた。一方、抗議する女たちもこのことを十分意識しており、戦場の夫や兄弟に手紙で知らせてやると大声で怒鳴り、当局を威嚇した。治安当局によれば、抗議行動を指揮するのは、前線に夫や息子がいる女たちだった。そしてドイツの敗色が歴然とした一九一八年夏になると、女たちは戦場の夫や息子と直接・間接に連絡がつく場合は、彼らに向かって帰還するよう率直に呼びかけていたという[Davis 2000:92–113, 125, 231]。同じくデイヴィスはハーバーマスの公共圏論を部分的に批判した一論のなかで、貧困層の女性は公共圏での活動を通じて政府に働きかけることは不可能だったので、街頭での行動や戦場の男たちとの文通というかたちをとって、圧力をかけたと結論する[Davis 1996:426]。

このように大戦下に女たちは、議会や利益団体とは別の「政治への回路」をもっていた。そして男＝公的活動、女＝私生活という十九世紀的な二分法は、すでに無意味になっており、同時に戦争による「家族の崩壊」がおおいに憂慮されていた。例えば夫が出征した場合、夫婦は長期に別居を強いられた。これに生活難が加わって、少子化現象に拍車がかかった。そして戦場の兵士には軍部公認の売春宿があり、しかも性病防止のために避妊具が配布された。他方、兵士の妻や娘は工場や農作業場などで、強制労働に従事する外国人捕虜と親しくなり、当局はこうした女性の行動に監視の目を光らせた。さらに少年少女の非行が問題になっていた。両親が不在、つまり父親は戦場、母親は工場などで就労していることが多く、若者が軍需工場などで働いて家計を支えると同時に、「浪費」や戦前の価値観からの逸脱が取り沙汰された。

さて、ドーマンスキーは総力戦による「ドイツ社会の全面的軍事化」という鍵《キー》概念のもとに、十九世紀的市民家族の崩壊を強調する。すなわち市民派女性運動は国民の軍事動員に関して中心的役割をはたし、男性が外敵から国を護ったのに対して、女性は健康・教育・福祉分野での活動を通じて、病人や虚弱者という内側の敵から国家を守った。そして戦時の国家および民間による福祉制度は、それまで家族が担ってきた役割を代行することになった。市民層の女性は戦時に公的領域でおおいに活動し始めたが、戦争によって父親を失った女性も多かったので、それを戦後も引き続き発展させた。他方、大戦により家族のなかで存在感が薄れた父親は、かわりに戦場での仲間を家族同様に扱い、ナチスに繋がる価値観を生活の場に持ち込んだ。ところが、労働者層や下位中間層の女性や子どもは、家族の維持ないし再建に必死で、その意味で「伝統的思考」に固執した。食糧暴動において、母親と子どもたちの連携プレイがみられるのはそのためである。いうまでもなく、労働者層にとっては家族が一体となること、とくに父親の労働による収入が生存のために不可欠だった。それゆえ「軍事化した社会」の中核である戦争自体に攻撃をかけるという、反戦行動にでたのである[Dormansky 1996: 428–459]。このような家族論の視点を失うことなく、つぎに「革命」を一瞥したい。

3　革命——男たちの帰還

十一月革命

大戦末期になると食糧事情の悪化にともない、暴力沙汰や「自助」と呼ばれた、食糧を無断で持ち帰る行為が日常茶飯事になった。例えば、一九一七年夏ベルリンではデモが以前にも増して激しくなり、それと競うかのように生活レベルでの過激な行動があった。そのようなおり、リヒテンブルクの週市では、近郊からきたある青物商の店先に三〇〇人ほどの女が集まり攻撃し始めると、その青物商は逃げ去った。以後、近郊の農家の多くはリヒテンブルクなどの青空市に売りにこなくなった。また代金を支払わずにパンを持ち去るといった騒ぎが、ベルリンの市内から広域へと広がり、女たちは役人におそいかかったり、店主を箒で殴るなどの暴力をともなう行為がみられた。犯罪統計によると、一九一八年には全国的に窃盗が急増していた。窮乏化した人びとは逮捕されたり、投獄されない限り、そうした行為が「犯罪」であるか否かには無関心だった。

他方、多数派社会民主党(MSPD)および市民派女性運動は大戦末期には女性参政権の獲得に向けて、活発な動きをみせた。一九一七年復活祭勅令でヴィルヘルム二世は戦後における選挙法改正を約束したが、女性参政権についてはまったくふれなかった。そのため市民派女性運動は危機感を募らせ、女性参政権の実現に向けて本腰を入れ始めた(詳しくは[姫岡 1993:124–126])。またMSPDの女性運動は復活祭勅令を受けて同年七月の会議では選挙権問題の討議を避けたものの、九月以後は市民派女性と協力することになり、一九一八年四月には集会を共催するにいたった。もっとも、両者は女性の普通選挙権要求をめぐって、意見は一致しなかった。しかも一九一七年初夏以降MSPD、カトリック中央党、進歩人民党が国会議員団連絡委員会を結成し、ヴァイマル連合の前身となるが、ここでもMSPDの主張する女性の普通選挙権は受け入れられなかった。それゆえ、この三党を中核とする十月改革においても、問題は未決のままだった。

もっとも、食糧暴動や「自助」に走る貧困女性は、選挙権問題にはまったく無関心だった。一九一八年十一月七日、全国各地に労働者・兵士評議会運動が起こり、革命が成就されつつあったとき、ベルリンの北西部やリヒテンブルクでは、市の立つ広場や街頭で、女たちは食糧購入に必死のあまり、買物籠やゲンコツで警官を殴るなどした。このような光景はその後も数カ月続いた。休戦が成立しても、講和条約が締結されるまでは連合国による経済封鎖は解除されず、食糧難が続いた。一方、革命時の権力であった労働者・兵士評議会は女性の生息する場ではなかった。その全国大会が十二月中旬ベルリンで開かれたとき、代議員四九二名のうち女性はわずか二名だった。また十一月革命によって女性の普通選挙権が達成され、そのもとで一九一九年一月国民議会選挙がおこなわれた。このとき国会議員になった女性は、全議員四二三名中四二名(九・九%)で、うちMSPDが二二名(全一六三名)、USPD三名(全二二名)、ブルジョワ諸政党は計一七名(全二三八名)だった。

女性の失職

女性の生活を再び大きく変えたのが、男たちの復員にともなう失業だった。十一月初めの陸軍省の規定によると、帰還した男性は元の職場に復帰し、女性労働者はすべて職場を男性に明け渡すこと、さらに他の地方出身の女性労働者は大戦中就労していた職場をその土地の人びとに明け渡さねばならなかった。このような方針は関係官庁や軍部のみならず、十一月革命時の中央労働協同体(シュティンネス＝レギーン協定)、したがって労働組合により、また労働者・兵士評議会によっても、「自明の理」とされた。もっとも、大部分の女性労働者や公務員を含む女性事務職員は、最初からそれを承知のうえで就労したのであり、出征した夫のかわりに、夫の職場で働くというケースが少なくなかった。約八〇〇万人の復員兵士の大部分は、一九一九年初めまでに職場復帰し、大戦中女性就労者が激増した部門では、女性は大量解雇された。ドイツでは復員が比較的円滑に進んだ最大の理由は、このように徹底したジェンダー観にあった。

むろん、そのような過程には例外的な措置ないし現象があった。まず、戦争によって夫や父親を失った女性は、社会政策的見地から解雇をまぬがれた。ついで女性の解雇が円滑に進まなかったのが、大戦中に事務職員として採用されたケースである。極めて保守的な体質をもつドイツ国民店員組合（ＤＨＶ）は、女性職員の全面的解雇を要望したが、雇用者によっては難色を示した。教育を受けた有能な女性事務員を、相対的に薄給で雇用しつづけることに利点があったからである。若い未婚女性には、父親の高齢・病身などの理由で、私企業で事務員として働きつづける可能性があった。逆に、家事奉公人や農業のような部門は求人難で、大戦中に工場などで職を得た女性は、もはやこのような職種を好まなかった。戦時中に大都会に出てきて働き、戦後は復員規定により他の地方出身者として解雇された女性のなかには、さらに他所で職を得ることが困難、あるいは故郷に帰ることをきらい、やがて失業手当も打ち切られ、結局、自らの身体を市場に出すことが、残された唯一の道になった者もいた。戦後、売春が急増した。ドイツ表現主義の画家エルンスト・Ｌ・キルヒナーが好んで描いた、ベルリンの娼婦たちの社会的背景が理解できる。

なお、食糧暴動は一九二三年頃まで周期的に起こった。その大半は戦時中と同様、家庭の主婦たちの自然発生的行動だったと思われるが、新たに男性の失業者が強い推進力となった点が、大戦中とは異なる。ベルリンやハンブルクのような大都市、あるいは繊維工業地帯ザクセン邦の諸地域における大量失業は、食糧暴動に別の様相を加えた。

おわりに

本章では労働者層の女性と「ドイツ革命」とのかかわりを考えるために、第一次世界大戦前の時期に遡って、SPD系労働者文化における女性についてみた。SPD女性運動とは、結局のところ党役員・活動家層の妻などの主婦を中心とした「家族運動」であって、女性の権利の主張(フェミニズム)には消極的だった。この時代に労働者層は生活の安定・向上のため、市民型家族への志向が強く、それは「未婚の母」の減少傾向と産児制限への多大な関心にあらわれている。また後者に関するベルリンでの「出産ストライキ」論争や、女性参政権を要求する国際女性デーの集会にみられるように、大戦前夜になると女性たちの行動は戦闘性を帯び、「出産ストライキ」論争ではSPDの女性リーダーとは異なる、自律した動きをみせた。それは生活に基盤をおいた独特の行動様式であり、大戦中の食糧暴動に繋がる。

大戦により労働者層の女性の多くは軍需生産に徴用され、生産と消費(家庭生活)の両面で戦時体制に組み込まれていった。生活難から食糧暴動やストライキに加わるなかで、彼女らの行動は「革命」を醸成する決定的な要因になった。しかし休戦にともなう男たちの帰還により、多くの女性は職場を追われ、家庭に戻る。それは労働者層の場合、伝統的な「家族の再生」という念願の実現を意味するが、市民女性が戦時の社会奉仕活動などの延長線上に、戦後は公的活動や職場に大幅に参入していったのとは異なる。結局、家族を核とした労働者文化は伝統依存的になり、社会全体の変化のなかでヴァイマル期には機能低下していくのではないか、と考える。

なお、冒頭に名をあげたローザ・ルクセンブルクを本章のテーマのなかに位置づけるのは困難である。彼女をジェンダー論や性文化との関係でとらえようとするなら、ロシア領ポーランドという社会文化的背景、あるいは女性知識人論など別の文脈のなかにおいてみる必要がある。

参考文献

Die Gleichheit: Zeitschrift für Interessen der Arbeiterinnen, Stuttgart/Berlin, Aug.–Okt. 1914.

Bajohr, Stefan, *Die Hälfte der Fabrik. Geschichte der Frauenarbeit in Deutschland 1914 bis 1945*, Marburg, 1979.

Bajohr, Stefan, Uneheliche Mütter im Arbeitermilieu: Die Stadt Braunschweig 1900–1930, *Geschichte und Gesellschaft*, 7, 1981, S. 474–506.

Bergmann, Anneliese, Frauen, Männer, Sexualität und Geburtenkontrolle. Die Gebärtsstreikdebatte der SPD im Jahre 1913, in Hausen, K. (Hg.), *Frauen suchen ihre Geschichte*, München, 1983, S.81–103.

Bessel, Richard, “Eine nicht allzu große Beunruhigung des Arbeitsmarktes” Frauenarbeit und Demobilmachung in Deutschland nach dem Ersten Weltkrieg, *Geschichte und Gesellschaft*, 9, 1983, S.211–229.

Daniel, Ute, *Arbeiterfrauen in der Kriegsgesellschaft. Beruf, Familie und Politik im Ersten Weltkrieg*, Göttingen, 1989.

Davis, Belinda J., *Home Fires Burning. Food, Politics and Everyday Life in World War I Berlin*, Chapel Hill/London, 2000.

Davis, Belinda J., Reconsidering Habermas, Gender and the Public Sphere: The Case of Wilhelmine Germany, in Eley, Geoff (ed.), *Society, Culture and the State in Germany, 1870– 1930*, Michigan University Press 1996, pp.397 – 426.

Dormansky, Elisabeth, Militarization and Reproduction in World War I Germany, in Eley (ed.), *op. cit.*, pp.427–463.

Evans, Richard J., *Sozialdemokratie und Frauenemanzipation im deutschen Kaiserreich*, Berlin/Bonn, 1979.

Linse, Ulrich, Arbeiterschaft und Geburtenentwicklung, *Archiv für Sozialgeschichte*, 12, 1972, S.205–271.

Quataert, Jean H., *Reluctant Feminists in German Social Democracy, 1885–1917*, New Jersey, 1979.

Schwarz, Klaus-Dieter, *Weltkrieg und Revolution in Nürnberg*, Stuttgart, 1971.

Ullrich, Volker, *Kriegsalltag: Hamburg im ersten Weltkrieg*, Köln, 1982.

伊藤セツ『クララ・ツェトキンの婦人解放論』有斐閣、一九八四年

木村靖二「公共圏の変容と転換——第一次世界大戦下のドイツを例に」（岩波講座『世界歴史』二三、一九九九年）一八三～二〇五頁

田村雲供『近代ドイツ女性史——市民社会・女性・ナショナリズム』阿吽社、一九九八年

垂水節子『ドイツ・ラディカリズムの諸潮流——革命期の民衆一九一六～一九二一年』ミネルヴァ書房、二〇〇二年

姫岡とし子『近代ドイツの母性主義フェミニズム』勁草書房、一九九三年

ウーテ・フレーフェルト（若尾祐司・原田一美・姫岡とし子・山本秀行・坪郷実訳）『ドイツ女性の社会史——二〇〇年の歩み』晃洋書房、一九九〇年

ジョージ・L・モッセ（佐藤卓巳・佐藤八寿子訳）『ナショナリズムとセクシュアリティ——市民道徳とナチズム』柏書房、一九九六年

若尾祐司『近代ドイツの結婚と家族』名古屋大学出版会、一九九六年

第Ⅲ部 もう一つの性文化

第6章 ヴィルヘルム二世の性愛と帝国の終焉

星乃治彦

はじめに

ヴィルヘルム二世治下のドイツ第二帝政は転換点に立っていた。新興国家ドイツは、「帝国」たることが期待されながらも、「新しい」という言説とは裏腹に、二十世紀を目前にしたドイツ帝国の宮廷政治は、その実旧態依然たるものであり、一八四八年革命以来の議会主義、民主主義だけではなく、マルクス主義を指導理念とする世界最強の社会民主党をはじめ、女性運動などの解放運動の台頭にさらされていた。「ナーヴァスな大国」ドイツの舵取りは難航した[Ullrich 1999]。

公的空間が私的空間に支配されるという君主制の矛盾は、「邦」という小さな領域支配の場合には、それほど顕在化することはなかったものの、いまや帝国となったドイツにあって、「親政」を始めた皇帝ヴィルヘルムへの期待は高まる一方であったにもかかわらず、軽率な発言や旅行三昧など、ヴィルヘルムの皇帝としての資質に対する疑問は、早くから指摘されていた〔成瀬 1997:49–51〕。だが、一九〇五年血の日曜日事件のときロシア皇帝ニコライにとっては「ママとお茶を飲む」行為が事件より重要であるというように、この当時歴史的終焉を迎えつつあった宮廷政治にあっては、「公」「私」が渾然一体となっているのが普通の状況で、「私」の領域を公的判断から排除することは難しい。『華氏九一一』が明らかにする、権力の中枢にいる人間たちの凄まじい私欲の追及と、その私欲のための戦争遂行をみると、「私」的利害が「公」的に施行される構造は、決して過去のものではない。こうした「公」「私」の問題を、さらにジェンダー・ポリティークスのコンテキストのなかでとらえようとするここで問題とすべきは、皇帝ヴィルヘルム二世の同性愛志向である。

これはたんなる痴話話ではない。「実際のところ、特異なドイツ的特性を帯びた同性愛の問題は、ヴィルヘルム期ドイツにおいて政治の中心を占める問題だった」とゾンバルトがいうとき、この問題は、「どれほど大きく見積もっても大きすぎることはない」〔ゾンバルト 1994:44〕。とりわけここで浮上してくるのが、ヴィルヘルムの性愛の対象であったオイレンブルク伯である。モッセは「皇帝ヴィルヘルム二世との同性愛スキャンダルに巻き込まれるまでは宮廷で作曲とピアノ演奏をおこなっていた」〔モッセ 1996:53〕とオイレンブルクを評価しているが、レールが発掘した彼の実像はこれとは異なる〔Röhl 2002〕。

憲法上責任ある皇帝の助言者は帝国宰相だけであったが、ビスマルクなきあとヴィルヘルムへの助言者の任を担ったのは、「オイレンブルクが一八八六年から一九〇六年のあいだのいわゆるキーパーソンであるということは議論の余地がない」〔Bussmann 1964:524–526〕というところからすれば、オイレンブルクであり、その意味で、オイレンブルクを第一次世界大戦の戦犯扱いしようとする研究者がいても不思議ではない〔Röhl 1971〕。そしてこのオイレンブルクの同性愛が二十世紀のもう一つの特徴である同性愛忌避の台頭のなかにあって、一九〇七年スキャンダルとして浮上すると、それは、「ドイツの内政、外交におけるいかなる難局にもまして、国の屋台骨を激しく震撼させ、君主制と当の君主、首脳部、統率方法に対する信頼を失墜させるのに大いに貢献した」〔ゾンバルト 1994:43〕。

その重要性にもかかわらず、こうした視点からの第二帝政史研究の蓄積は最近まで乏しかった。性愛の問題をどう政治史の分析に取り入れていくのかの戸惑いが研究者のなかにあったためだと考えられる。実際に、「不倫」を排した異性愛の一対の夫婦を中心とした家族が至上のものとされる近代の虚構から研究者自身が自由ではなかったとすれば、同性愛や錯綜する性的関係が渦巻く当時のドイツ宮廷をみる際に戸惑いがあったとしても、不思議ではない。

かわって一九七〇年代以降隆盛を極めたのは、社会史研究であった。その成果は、社会帝国主義をベースにした「親政」を構造的に把握したことにあった〔矢野 2001〕。ただそれだけでは、蓋然性や状況は叙述されても、短期的な決断レベルでの歴史に開かれた可能性が等閑視されがちだとすれば、やはり狭い意味での政治史の復権も必要とされよう。

この点での先駆者はレールである。レールは、「親政」とはいいながら、第二帝政の政策決定過程には、じつは多元的勢力が関与していたことを提示したが、その筆頭にあげたのがFreundであり、オイレンブルクであった。ジェンダー・バイアスがかかると、「友人」として訳されるFreundだが、実態は、性交渉をともなう「恋人」である。たしかに、弱冠二十代の若き皇帝が、大国ドイツの舵取りをめぐって老練なビスマルクと対決していき、しだいに「親政」を構築していこうとしていた、とする従来の歴史理解には無理があり、やはり皇帝を支えていた人物の存在を予感させる。したがって、ここで問題とするのは、むしろその「親政」の内実である。最近ではモムゼンにしても「皇帝一人に責任があったのか」[Mommsen 2002]という政治史的観点を復活させながら、「誤った戦争」＝第一次世界大戦へと突入していくプロセスを追っている[Ferguson 2001]。公的なものから性愛を私的些事として排除してきたことを踏まえながら、さらに公共圏概念を登場させ、「公」「私」を介在させれば、皇帝の直接支配という意味で従来「親政」と訳されたドイツ語 persönliches Regiment は「私的関係による公支配」とも訳すべきであることが判明する。

二十世紀＝大衆の時代を目前に、「オペレッタ支配」と批判者から揶揄《やゆ》されたドイツにおける宮廷政治＝「私的関係による公支配」の動揺と崩壊を、性愛の問題と絡めながら論じるのがここでの課題である。

1 ヴィルヘルムとオイレンブルク

ヴィルヘルム二世

ビスマルクが、相手の性生活を中傷するのは、賄賂と並んで、彼の政治的手法の常套手段であった。イギリスからフリードリヒ三世皇太子妃としてやってきたヴィクトリア女王の娘ヴィクトリアについても、ビスマルクは、「官能と情欲に満ちた眼」をもつこの女性が夫に性病をうつしたと平気で言いふらしていた[ゾンバルト 1994:54]。そのヴィクトリアが十九歳の一八五九年一月二十七日に、難産のすえヴィルヘルムを生んだ。ただ、この難産は、新しく生まれてきた子どもの左半身に、障害を残すことになった。終生ヴィルヘルムの左足はあまり動かず、左耳はよく痛み、平衡感覚は失われていた。彼は、直立不動の姿勢をとれなかったし、走れず、ナイフとフォークを手際よく使いこなすことにも不自由した。一九二〇年代にすでにヴィルヘルムの伝記を書いたルードヴィヒは、ヴィルヘルムの力のこもった演説、虚勢をはった行動、権力と強さを見せつける姿勢を、ヴィルヘルムの肉体的コンプレックスとの因果関係で説明しようとする[Ludwig 1926]。

その後、カッセルのギムナジウムに進んだヴィルヘルムは、ごく平均的生徒で、学業に秀でるということはなかった。インテリであった母親ヴィクトリアにいわせれば、ヴィルヘルムは、旅行しても博物館には興味を示さず、風景の美しさにも価値を見出さず、まともな本も読まなかった。ただ、歴史には非常な関心をもち、ホメロスや『ニーベルンゲンの歌』がお気に入りであった。ヴィルヘルムがこのまま、一八八〇年アウグステ・ヴィクトリアと結婚し、三人の娘と一人の息子を儲けるなど、たんなる凡庸な夢想家の皇帝にとどまっていたとしたら、それほど問題ではなかったのかもしれない。

だがヴィルヘルムは難物であった。「彼は話しまくり、周りの人間がそうした彼に驚嘆しながら聞き耳を立てることをもっとも好んだ。そんなとき、彼は疲れを知らなかったが、聞いているほうが疲れはててしまった」という話好きという性向が、ヴィルヘルムの、「際限なきエゴイズム」「包み隠さない意識的な高慢さ」といわれる資質とかさなると、ドイツ帝国を危機に追い込むことにさえ繋がった。

つまり、「自分が理解したことをすべてそのまま信じ、すべてに関してしゃべりまくり、自分の主張だけが正しいと思い込み、反論を許さなかった」ヴィルヘルムは、一八九五年の日本に対する三国干渉のときも「黄禍論」を展開したり、一九〇〇年の「義和団」事件のときには露骨な中国人蔑視の演説をするなど、知見に基づかない軽率な発言を繰り返した。その流れは、結局一九〇八年の『デイリー・テレグラフ』事件にたどりつき、帝国を危機に陥れるのであった。「信じられない傲慢さ」をもったヴィルヘルムは、「将来の相談役にとっては非常に難物であろう」とされたが[Röhl 1976:29]、帝政にとってはその意味からも、ヴィルヘルムを制御しうる人物が必要だったのかもしれない。もしそれが可能だったとすれば、それはヴィルヘルムが愛したオイレンブルク一人だったであろう。

オイレンブルクの生立ち

フィリップ・オイレンブルクは、一八四七年二月ケーニヒスベルクに東プロイセンでも最古参の伯爵の家に生まれた。ビスマルク時代にプロイセン内相を務めたフリッツ・オイレンブルク伯は伯父にあたる。一八六六年普墺戦争のとき、十九歳でプロイセン甲騎兵連隊に入隊し、七〇年のドイツ・フランス戦争のときには少尉としてパリに従軍している。戦後除隊し、ライプツィヒ大学法学部に入学し、外交官をめざした。当時の友人にいわせれば、オイレンブルクは、「非常に多面的、さらには天才的で、それゆえ指導的人物であった」[Röhl 2002:38]。一八七五年卒業の年、数年前から付き合っていたスウェーデン人のアウグスタ・ザンデルス伯と結婚した。結局オイレンブルクは彼女とのあいだに八人の子どもをもち、模範的な家族生活を営み、妻以外の女性とも交渉をもったとしても、それは彼のホモセクシュアリティとなんら矛盾するものではない。

レールによると、この頃のオイレンブルクは、新興国家ドイツが再び解体するのではないかという危機感をもち、ドイツは、議会のコントロールを受けないドイツ皇帝のリーダーシップによってのみ存続することができると確信していた。当初オイレンブルクは、ヴァーグナーの人種理論に共鳴し、「オープンな」西側の政治社会体制を軽蔑するという、典型的な中欧的・大陸的人物であり、その政治思想は、マックス・ヴェーバーの世界帝国思想より、ビスマルクの勢力均衡論に近かった。つまり、初期のオイレンブルクは、のちのビューロー政府時代にオイレンブルク自身が推進することになる大艦隊路線の政策とは異質な考えを、そもそもはもっていたのである。

一八七八年四月からベルリン外務省通商政治局を振出しに、外交官の道をオイレンブルクは歩むようになるが、特筆すべきはその後の在パリドイツ大使館時代の人脈である。一八八一年一月オイレンブルクは、在パリドイツ大使館の第三書記官に任命されたが、そのときの大使ホーエンローエは、その後九四年十月にはオイレンブルクの推薦で帝国宰相に任命されたし、パリ時代に第二書記官を務めていたビューローは、九七年から外相を務め、さらに一九〇〇年には帝国宰相に任命されたのであった。こうした栄転劇について、レールは「オイレンブルクの影響力を通じ」たものだと断じている[Röhl 2002:39]。

その後、愛娘アーストリトをなくし失意のなかでパリを離れたオイレンブルクは、一八八一年七月にはミュンヒェン公使館書記官となった。ここでオイレンブルクは、政治を厭《いと》い、「仕事は完全にゆるがせにし」、もっぱら芸術に耽溺し、ヴァーグナー・サークルに接近し、北方神話劇に関心を示すようになっていた〔Röhl 1976:41〕。

運命の出会い

運命的な出会いは、一八八六年五月四日、東プロイセン・プローケルヴィッツにおいてであった。この日オイレンブルクは、若いときからの付合いのあった友人ドーナの誘いで狩りに赴き、ここで一二歳年下のヴィルヘルム王子と出会うことになる。王子はオイレンブルクに一目惚れし、以降二一年間にわたる二人の恋愛が始まった。その付合いは、オイレンブルクからヴィルヘルムへの手紙のなかで「大多数の政治家が私たちの最近の話合いをかりに聞いたとするならば、自分の耳を疑うでしょう。……なぜならば、すべての国王のなかでも最良の国王に対する個人的・人間的愛情と、お互いの自然で心からの友情がそこにはあるからです。それを知らない者からすれば、私たちの複雑な世界をどうやって彼らは理解できるでしょうか」と書かれるほどのものであった〔Röhl 1982:146–148〕。

「フィリー〔オイレンブルクの愛称〕自身についていえば、美しい女性に肉欲を感じる情熱に身を委ねることから解放され自分を取り戻したのは、高貴な理想をもち空想的な男性同士の友情があったからであった。……とくに陛下は、フィリーを政治の世界に引き込み、家庭生活を忘れさせた」という側近の記述をみると、オイレンブルクが権力に接近したというよりも、ヴィルヘルムがそれを望んだものであったことが判明する。実際に、ビスマルクの息子であるヘルベルト・フォン・ビスマルクも、一八八八年秋、ある高級官吏から聞かされていた、「陛下はオイレンブルクを他の地上のだれよりも深く愛された」と〔Bussmann 1964:523〕。

ドイツのホーエンツォレルン家内で同性愛志向は、ヴィルヘルムに始まったことではなく、長身の兵士を愛したフリードリヒ二世など、数多い。ホモソーシャル的な男の絆の確認作業としての同性愛は問題ではなかった。むしろ、「男性同性愛は、繊細に育ち、優雅で教養高い人物が多く、すべての社会グループにまま存在する。……同性への傾斜は、しばしば純粋に理想的で、多くが上品に生きている」〔*Meyers Grosses Konversationslexikon* 1908:52〕という擁護論まで存在していたほどである。ヴィルヘルムとオイレンブルクの付合い方にしても、「同性愛的変態行為や悪徳のかけらも感じさせるものではなかった。むしろ、私にはなじみのなかった男性間の友情の空想的な傾向ともいうべきものであった」と理想化されたものであり、同性愛自体は当初さほど問題とはされなかった。むしろ問題はオイレンブルクの性格のほうであった。

オイレンブルクと知り合ったビスマルクは、息子ヘルベルトに宛てた手紙のなかで、「個人的には彼のことが好きだ。愛すべき人物だ。しかし、政治の世界では、何が重要で何が重要でないのかを見る目がない。裏のブツブツした陰口を信じて、いつまでも根にもち、必要もないのにそれで気分を害している」と、オイレンブルクの政治嫌いと政治的能力の欠如をすでに問題にしていた〔Bussmann 1964:524–526〕。それが問題となる事態がその後まもなくして訪れた。

一八八八年三月にドイツ帝国ヴィルヘルム一世が没した。後継の第二代皇帝フリードリヒ三世は、ヴィクトリア女王の長女と結婚しており、比較的リベラル派と目されたが、喉頭癌のために九九日間しか帝位になかった。そのあとを継ぎ「世界でもっとも強大な王冠」〔Röhl 2002:40〕を手にしたのは、弱冠二十九歳のヴィルヘルム二世だったのである。

2　「皇帝」ヴィルヘルムの誕生と「私的関係による公支配」

「親政」の実態

一八九五年フライブルク大学の教授就任演説のなかで、帝国創設を「一人の老人（ビスマルク）の若気の至り」とそのミスマッチを嘆いたマックス・ヴェーバーにとっても、若い新しい皇帝の登場は、期待をもたせるものであっただろう。たしかにドイツ帝国はこの間大きく変貌していた。

人口はドイツ統一以来八〇〇万人増加し六七〇〇万人となり、経済成長率は年平均四・五％におよび、世紀転換期には農業国から工業国への転換をはたし、工業生産力はアメリカについで世界第二位に、一八八〇年にはスペインにさえ劣っていた船舶量も、三〇年後にはイギリスにつぐ世界第二位になっていた。工業化にともない労働者の比率は、一八七〇年の五分の一から、一九〇七年には三分の一となり、社会民主党の急速な伸張へと繋がった。

こうした激変にもかかわらず、ヴィルヘルムの戴冠当時、ドイツ帝国の舵取りは相変わらず「一人の老人」＝ビスマルクに委ねられていた。「若い」という魅力的な言説とは裏腹に、当時の国内外の微妙な力関係を調整し「親政」を軌道に乗せるためには、相当の力量が要求された。のちの『デイリー・テレグラフ』事件にみられるように、ヴィルヘルムにそれがないとすれば、オイレンブルクが後見人の任をしだいに担うようになったとしても、なんら不思議ではない。ただ問題は、当初政治嫌いであったオイレンブルク一人の力だけでは皇帝ヴィルヘルムを支えることは難しいということであった。そこで注目されたのが、外務省のなかで「灰色殿下」(Graue Eminenz)と呼ばれ隠然たる勢力を誇っていたホルシュタインであった。

「仲裁者」としてのオイレンブルク

一八八六年六月十三日というから、オイレンブルクがヴィルヘルムと知り合って一カ月たつかたたないうちに、ホルシュタインは、オイレンブルクとヴィルヘルムとのただならぬ関係に気づき、オイレンブルクに手紙を送るほどの情報網をすでにもっていた。それから始まるホルシュタインとの共同作業が、オイレンブルクの初期一二年における政治的活動の前提条件であり、ホルシュタイン—オイレンブルク—ヴィルヘルム二世のブロックのなかで、皇帝への「無限の愛情」をもつオイレンブルクは、両者の仲介役の任をはたすことになった。そして、この三者に最初に対峙したのがビスマルクであった[Röhl 1976:71–74]。その対立は、一八九〇年三月半ばの政治的危機で最高点に達した。とくに、ビスマルクが中央党指導者ヴィントホルストとの会談で、新たな社会主義者鎮圧法などをクーデタによって強行しようとするにいたって、事態は緊迫した。

一八九〇年三月十一日のオイレンブルク宛の手紙でホルシュタインは、即刻ベルリンに帰還するよう要請するなかで、「陛下の一刻一刻が勝負」で、「大きな転換点」を迎えているとしている[Röhl 2002:41]。実

図１　オイレンブルク

図２　ヴィルヘルム２世と
その家族

図３　「灰色殿下」ホルシュタイン

図４　ハルデン

出典：Friedrich Hartau, *Wilhelm II.*, Reinbek, 1978, p.35（図１）, p.69（図２）, p.84（図３）, p.87（図４）.

際に三月十五日ビスマルクは解任されることになった。

後任のドイツ宰相には、ホルシュタインの影響力が確認される海軍大臣レオ・フォン・カプリヴィが任命されたが、ただこの時点でのこの人事は、まだホルシュタインとビスマルクとのあいだの妥協の産物ともいうべきで、これにオイレンブルクは関与していなかった[Röhl 1976:359]。したがって、当初比較的リベラルな政策をとったカプリヴィとオイレンブルクを繋ぎ合わせることはできないし、就任後も、宰相は重要な場面でたびたび無視された。例えば、カプリヴィの同意なく「大企業家の不満を」除去するためとして、クルップ社長イェンケがプロイセンの大臣に指名されたし[Röhl 1982:76]、軍隊法案をとおすために三年以内にクーデタを起こす、とヴィルヘルムが北国旅行の最中に言ったということを、オイレンブルクはホルシュタインには手紙で知らせていたが、カプリヴィには知らされることもなく、ホルシュタインも、そのことをカプリヴィに秘密にしていた[Rogge 1932:155]。

皇帝は宰相よりも、むしろ側近の意見に従うようになっていた。例えば、一八九〇年九月ベルリン市長に進歩派のフォルケンベックが選出されたとき、善後策を話し合うカプリヴィはじめ全閣僚とヴィルヘルムは意見を衝突させたが、オイレンブルクの手紙によってヴィルヘルムは、譲歩する気になったのであった[Röhl 1982:69]。「公」としての宰相がいながら、「私」としてのオイレンブルクが影響力を行使したのである。一八九二年初頭、学校教育法をめぐってカプリヴィとオイレンブルクが最初に激突したときも、九二年一月二十一日ヴィルヘルム宛の手紙でオイレンブルクが、学校法は「中道政党との連合で」はかるべきで、それによって「リベラル派の怒り」が帝政全体におよばないようにすべきであると書き送ったのち、ベルリンでヴィルヘルムは、与党カルテル指導者たちと会談し、彼がそのとき保守派側から提案されていた学校法案に「絶対反対」であるとした。オイレンブルク自身、自分が書いた手紙の「爆弾的」効果に驚くほどであった［Röhl 1982：74‒82］。

ここで明らかになるのは、皇帝―政府―帝国議会―国民という一元的支配は達成されておらず、それに優位して皇帝―側近―国民というバイパスがつくられ、二元的支配がおこなわれていたことである。このことがたびたび政治の混乱を招くことになった。ビスマルクの解任やカプリヴィ宰相時代のたびかさなる政府危機はそのせいである、とレールは指摘する。そして、この混乱は結局一八九四年十月カプリヴィ内閣の崩壊に繋がっていった。

それにしても、皇帝ヴィルヘルムはオイレンブルクによく会った。皇帝はオイレンブルクを「フィリー」「君」と呼び、伯爵から侯爵に昇格させ、オイレンブルクは「殿下」(Durchlaucht)と呼ばれるようになっていた。側近と皇帝の交わりの場は、オイレンブルクの所領リーベンベルクで、「リーベンベルク円卓」と呼ばれたこの場で、狩りと性交渉をかさねながら、政治的決定が話し合われた。カプリヴィ内閣の倒壊にしても、リーベンベルクで決定されたのではないかと、当時から疑われていたが、案の定一八九四年十月末、ヴィルヘルムは、「オイレンブルクたちと一緒に」狩りをしていた［Röhl 2002：56］。

皇帝の信頼と愛情を受けながら、オイレンブルクは、おもに自分の出身畑である外務省筋の人脈や「リーベンベルク円卓」に集う者を権力の要所に配置しながら、つぎつぎと自らの権力基盤を固めていった。オイレンブルクの従兄弟アウグストは侍従長に、クーノー・モルトケは侍従武官という風に。

とくにモルトケの就任をオイレンブルクは喜び、友人に宛てた手紙のなかでも、「クーノーが侍従武官になったぞ！　陛下は、喜び勇んで、そのことを電報で知らせてくださった。クーノーがベルリンにいることは、われわれにとって良き事である」とオイレンブルクは狂喜している[Röhl 1976:796]。じつは、モルトケとオイレンブルクの二人のあいだもFreundの関係であった。こうして、オイレンブルクは一八九四年初頭以降、それまでのホルシュタインの「仲介人」から自立し、ホルシュタインに対抗する政策をしだいに打ち出すことができるようになった[Röhl 2002:48–52]。こうした過程は、同時に「私」が「公」に滲み出していく過程でもある。一八九七年は、その仕上げの年にあたる。一八九七年六月にはティルピッツを海軍大臣に就任させ、強大な艦隊を創設しようとするヴィルヘルムの世界政策を推進する内閣の布陣をオイレンブルクは本格化させた。ただ、それよりも重要だったのは、この年の十月に、ビューローを外相に就任させたことであり、一九〇〇年にはそのビューローがドイツ帝国の宰相に就任するのであった。

3　ビューロー体制

「分身」としてのビューロー

じつは、このオイレンブルクとビューローの関係も特殊であった。オイレンブルクとホルシュタインとの往復書簡が、あくまで友人としての助言の域にとどまり、冷静で、私情を交えないのと対照的に、例えば、ビューローが一八九四年一月一日オイレンブルクに宛てた手紙では、「あなたへの私の心からの気持ちがはやる」といった恋文と見間違わんばかりの表現が展開され、別の手紙では「私たちは時代の嵐のなかで出会い、愛し合わずにはいられませんでした。なぜならば、私の魂はあなた様への共感と友情で満たされているからです」という表現も登場していた[Röhl 2002:52]。二人のあいだに肉体的接触があったかどうかはともかく、オイレンブルクはビューローを、自分の理想を完全に理解した「分身」(Alter ego)とみなしていた。二人を結びつけていたのは、「すべてはいくら敬愛してもしつくされない陛下のためです。陛下はいつも私の目の前におられて、私にとってはすべてにわたるモティヴェーションであり、目標であり、存在理由なのです」とビューローがいうようなヴィルヘルムに対する敬服の念と愛情であった。このビューローが政治のトップに立とうとしていた。

ビューロー本人も「ビスマルクは権力そのもの……カプリヴィとホーエンローエは、閣下に対してある程度議会や「政府」(Gouvernement)の代表だと自らを感じていました。私は自分を閣下の手足だと思っています。私から、良き意味において陛下の私的関係による公支配(persönliches Regiment)が本当に始まったのでないでしょうか」と自任していた[Röhl 1982:179]。

ヴィルヘルムの即位後始まり、オイレンブルクが仲介人となってもなかなかうまくいかなかった長年の「親政」に向けた政治危機が終わろうとしていた。オイレンブルクはしみじみと述懐する、「私が浸っているのは、九年におよぶおぞましい嵐のあとで、やっとほっとできる港に、私が陛下の政府という船の舵をとったという感じである。……このあとの任務を私はいまやビューローの習熟した手に委ねた。陛下はビューローのことを「私自身のビスマルク」だとおっしゃっておられる」と[Röhl 1982:224]。当初これだけビューローへの期待が絶大だっただけに、その後一九〇七年以降ビューローがオイレンブルクとヴィルヘルムに対してとった態度は二人にとって大きな失望であったに違いない。

「もし「理解ある保守的」プロイセンが再び統治するならば、陛下と内閣との軍事的環境もうまくいくようになるだろう」というのが、一八九四年から九七年までのオイレンブルクの基本的考えであった［Röhl 2002:88］。こうした観点からヴィルヘルムに注意深く助言し、たびかさなる危機を調整しているようにみえながら、そのじつ意識的にカプリヴィ、ホーエンローエという二人の宰相の権力を、オイレンブルクは掘り崩し、一八九七年ビューローが実質的な権限をもつ「ビューロー体制」をつくりあげることになった。この「ビューロー体制」の完成をもって、オイレンブルクは自分自身の理想が達成されたと考えていたし、このビューロー体制をオイレンブルクの「政治的功績」とレールも呼ぶ［Röhl 2002:55］。

そして、一九〇〇年ビューローが宰相に就任するとまもなく、海軍大臣ティルピッツとともに強国ドイツにふさわしい帝国主義・軍国主義政策を推進し、そうした軍事・外交的成果によって、内政面では反政府の立場にあった左派自由主義者たちを取り込み、もともとの政府基盤であった保守主義者とともに、「ビューロー・ブロック」として与党化させ、社会民主主義者と中央党に対抗した。こうした戦略は、じつはビスマルクのそれとの類似性が多く、ヴィルヘルム二世が「私自身のビスマルク」とビューローを呼んだのも、頷けるものであり、これによって、皇帝権力の安定・強化が期待された。

一八九七年夏ビューローが外相に任命され、ビューローが上昇し始めるのとは逆に、オイレンブルクはしだいに政治の舞台から遠ざかるようになり、一九〇二年にはそれまで務めていたオーストリア大使のポストをも返上した。そして、失脚までの四年間はドイツの政治に関与することはなかった。ただ、彼の敵対者は一八九四年から九七年までと同様にその後もオイレンブルクが政治に関与していると錯覚していた。

ホルシュタインとの乖離

オイレンブルクが自立するにつれて、「灰色殿下」ホルシュタインとの距離は開くばかりであった。「爆弾のような急報、ホルシュタインの粗野な手紙、宮内大臣の嘆きももはやないのだ！」と一八九七年夏にはオイレンブルク自身、ホルシュタインとの関係の「大きな転換点」を自ら確認するようになっていた[Röhl 1976:1089]。

ホルシュタインにいわせれば、政府が独裁かはたまた共和国かに向かっているのは明らかなのに、依然として「ヴィルヘルムは一八四八年三月革命以前のように振る舞い、ロシア皇帝よりも専制的」となると危機感を募らせていた。とくに危機の時代に展開される側近体制を「ルイ十四世のシステム」と呼び、その喜劇的「オペレッタ支配」を嘲笑するのであった[Röhl 2002:81–83]。

逆にオイレンブルクの眼からすれば、「一八八八年のホルシュタインは、古きプロイセンの伝統である王への忠誠を発揮したが、九六年には彼は反王政派ではないにしても、議会主義者になった」と映っていたが[Röhl 1982:160]、時代を見通すという点では、現実主義者のホルシュタインのほうが、ひたすら愛情によってヴィルヘルムをサポートし、その支配を磐石にしようとしたオイレンブルクよりも的確だったのかもしれない。

一九〇五年春の第一次モロッコ事件でドイツは国際的に完全に孤立していることが明らかになった。事態を収拾するはずのアルヘシラス会議の失敗を直接的契機として、ホルシュタインは一九〇六年辞職に追いやられるが、その背景には、オイレンブルクとの確執も作用していたと考えられる。ただ、ホルシュタインはそのままただ黙っていたわけではない。一九〇七年のスキャンダルに関与し、オイレンブルクへの報復をはたすのであった。

4　スキャンダルという墜落

転換期のなかの同性愛

時代は「性」をめぐっても、めまぐるしく展開していた。女性参政権要求を掲げる第一次フェミニズムは高揚をみせ、女性の集会・結社を禁止する帝国結社法にもかかわらず、女性運動は統合に向かい、一八九四年にはドイツ婦人団体連合が結成され、一九〇一年には七万人のメンバーをかかえてその後も順調に伸張していった。その一方で、アウグスト・ベーベルを理論家とし、クララ・ツェトキンを運動家とする社会主義的女性運動も成長し、ドイツ社会民主党(SPD)のなかで三万人の女性が活動するようになっていた。従来の家父長的男性観が動揺し、新たな男性のアイデンティティ論が必要とされていた。

性愛をめぐっても転換点が訪れていた。イギリスではワイルド裁判、フランスではランボー、ヴェルレーヌの関係がスキャンダル視され、同性愛をスキャンダルとみなす時代に突入していた。この時期「性」

をめぐっては大きな転換が訪れていた［キューネ 1997；兼子 2003］。レスペクタビリティの台頭を証明するものともいえようし、兵士としての「男らしさ」が確立しつつあったともいえよう。ただ、性愛と「公」という観点からすれば、しだいに「公」から女性が排除され、性愛はもっぱら「私」的領域に、それもヘテロ的関係として封じ込めることができるとされた。ただ想定されていなかったのは、「公」的空間に残された男性同士が性愛関係を結ぶことであった。その存在がヘテロ性倫理の虚構で隠蔽できるうちは問題とならなかったが、それが否定しきれなくなると、容赦なかった。ドイツでは、大砲王と呼ばれたクルップの同性愛が問題とされ、自殺に追い込まれていったが、このクルップをヴィルヘルムは寵愛し、一九〇二年十一月クルップの埋葬のときにヴィルヘルムはエッセンに赴き、二回にわたって彼を称える演説をするほどであった。ヴィルヘルムは時代を読むことができなかった。宮廷内にも時代の流れは押し寄せていた。一八九八年春には、モルトケが在ウィーン大使館付武官時代にオイレンブルクと結んだ緊密な関係が原因で、アテリエ・フォン・クルーゼ伯と離婚したが、社交的な彼女がもらした情報がのちの一九〇七年スキャンダルの一因となった。また、一九〇〇年にはオイレンブルクの兄弟にあたるフリードリヒも同性愛者だとして離婚していた。

こうしたなかで、「男」のアイデンティティの再編は不可避であった。同性愛を一方で排撃しながらホモソーシャルな男性同士の結びつきを理想化・擁護しようとする男性同盟論が展開され始めたのもこれと前後した一九〇二年であった。政治学の分野では、これより少しあとの時代一九一七年にカール・シュミットが『政治的ロマン主義』で、政治的ロマン主義の典型として、実在の人物にヒントを得てアダム・ミユラーを登場させていた〔シュミット 1970〕。彼によって表象される「政治的ロマン主義者」とは、「多弁」「虚偽」「不実」「策謀」「非男性的受動性」「情緒的判断」「首尾一貫性のなさ」「モラルや倫理からも縁遠い」「女々しい男性」であり、シュミットの念頭にあったのは、「非男性的で軟弱で女々しい奸臣たち」の集まりであるリーベンベルク円卓であった。また、シュミットは「帝位に就くロマン主義者」としてヴィルヘルム二世の大叔父にあたるフリードリヒ・ヴィルヘルム四世をあげるが、それは明らかにヴィルヘルム二世批判のメタファーであった。

この間に帝国主義的対立も激化しており、一九〇六年には第一次モロッコ事件が起こり緊張が高まったが、このときは、ドイツ側が譲歩することによって事態は収拾された。ただ、ドイツ国内ではこの譲歩を軟弱と攻撃する意見が強く、この軟弱外交批判が、「軟弱な」「完全な男たち」でないリーベンベルク円卓に向けられたとしても不思議ではない。こうした時代状況のなかでスキャンダルは起こった。

ハルデンの攻撃

スキャンダルとしたのはハルデン(本名はフェリックス・エルンスト・ヴィトコフスキー)というジャーナリストであり、一九〇六年四月二十八日に彼が主宰する『未来』(*Die Zukunft*)に、皇帝の側近に同性愛者がいるというスキャンダルをはじめて発表し、これを契機に一連の裁判が始まることになった。ハルデンは、反ユダヤ主義的傾向をもった良心のないナショナリストで、同性愛者の一味が皇帝を操っていて、強力な大国としての政策を不可能にしている、と主張した。

ハルデンは、存命中にビスマルクから聞いた話として、「貴殿にはあの皇帝の政治が多くの点で気に入らないとみえるが、それは小生とて同じだ。……しかしそれらはもしフィリップ・オイレンブルクがやつの徒党を皇帝のもとに引き連れてこなければ、表に出ることはなかったはずだ。やつらは身の毛もよだつ連中だ。われわれとはまったく別種の人間だ。センチメンタルで、迷信的で、さらに臆病ときている。政治生活に欠かせない思慮分別もなく、偉大な国家が必要とする勇猛果敢な精神も持ち合わせていない。おまけに大部分の連中が性的に異常で、清潔とはいいがたい」と証言している［Röhl 2002:18］。このビスマルクと並んで、ハルデンがその情報源としたのは、一九〇六年オイレンブルクに決闘を挑発するような侮辱的手紙を書いたとされるホルシュタイン、そしてモルトケの元夫人アテリエであった。思えば、オイレンブルクから追われ凋落した人物ばかりであった。

ハルデンは彼らからの証言に基づき、つぎつぎと同性愛行為の実態をあばき、リーベンベルク円卓を「男色化の奸臣房」と呼び、「わがドイツ帝国ではあまりにも甘ったるく軟弱な政治がおこなわれている」［*Die Zukunft*, vom 1. 5. 1908］とあおった。

「センチメンタル」「迷信的」「臆病」「政治生活に欠かせない思慮分別もなく、偉大な国家が必要とする勇猛果敢な精神も持ち合わせていない」「甘ったるく軟弱」といった同性愛者の表象から導き出される結論は、ハルデンにあっては、このままではドイツの国益がそこなわれるという危機感であった。その際、同性愛者には知覚能力に歪みがあって、彼らが顧問役に就いた場合は情報の欠損が生じざるをえないとした。ハルデンがとくに注目したのは同性愛者のあいだにある特殊な連帯感であった。

「同性愛者は、現実の利害ではなく、自分たちと同類の者の利害を代表する目的で、歯止めのきかない、また局外者にとっては理解しがたい連帯感で結束し合う。彼らの利害はつねに私的なもので、現実にそくしたものではよもやない。……同性愛的な連帯感は階級間の枠組みを踏み越える。貴族が漁師と付き合い、将軍が伝令兵と関係するのである」。さらに同性愛の「不潔な友情」が国境をも越える[Röhl 2002:26–27]ことへの不安をハルデンは募らせた。

「私」を「公」に優先させるとされるこうした同性愛者たちの階級や国境を越えた繋がりが、とくにオイレンブルクとフランスの外交官でジャン・コクトーの叔父でもあったレーモン・ルコントとのあいだに関係があったと具体化すると、パニックを引き起こすことになる。ハルデンによれば、「交戦か平和かが問われているこの国家火急のときにあって」この二人の同性愛的友愛から、ドイツの最高機密が敵国にもれる水路がある、として一九〇六年十一月に「フィリーはエルザス・ロートリンゲン地方総督に任命され、ルコントはフランス外務省に召還された」という噂まで流したのであった[Röhl 2002:28]。実際、一介の参事官にすぎないルコントがオイレンブルクの仲介で、リーベンベルクで皇帝と接見していたという事実は確認されている。だがとくにフランスとの外交政策をめぐって対立があったことを考えるとき、そこには、オイレンブルクの台頭を快く思わない親フランス的政治傾向の排除を狙った勢力の意図を感じずにはいられない。そこから、ハルデンはオイレンブルクの敵対者たちの「たんなる道具」にすぎなかった、という評価も生まれてくるし[Baumgardt 1992:22–23]、そもそも、一介のジャーナリストの言動がこれほどまでに第二帝政の屋台骨を揺り動かすことはそういった勢力の存在なしには考えられない。

新しいジェンダー・メタファー

さて、ハルデンの主張によく登場するジェンダー・メタファーに続けて注目してみよう。それは、「なにがしか女性的な品性を有する男性は政治的な職務には絶対適さない」[Röhl 2002:20]というミソジニー（女性嫌悪）をともなう男性同盟思想であり、ハルデンによれば同性愛に溺れる皇帝は、「甲騎兵の皮ハケットに身を包んだ少女」「鋼鉄製の戸棚のなかの女王」といった女性メタファーで語られることになる[Röhl 2002:44]。同性愛の禁圧はいつの場合も「女性的なもの」の禁圧であることの一例である。女性と同性愛は、帝国ドイツにあって、雄々しく戦闘的な「生粋の」男性性の理念の障害物であった。

「女性的」な「ひそひそ話」「乳繰り合い」「忍び笑い」「甘い睦言」などをともないながら男色家の奸臣房で進められる「あまりにも手ぬるい軟弱政治」が望むのは平和である。彼らこそ、強固に敵と立ち向かうまっとうな男たちとは対極的な「熱心な平和の仲立ち人」[*Die Zukunft*, vom 9. 11. 1907]なのであった。

同性愛＝女性性＝平和といった図式は、一九〇七年四月六日号の『未来』によくあらわされ、そこでは、「平和帝ヴィルヘルム」の行動力のなさ、剛毅な決断力の欠如が批判されているが、この論考には、フランス語で「平和主義者にして臆病なり」という副題がつけられていた[*Die Zukunft*, vom 6. 4. 1907]。

こうしているうちにも公判は続けられていた。公判期間中『未来』は七万部の発行部数に跳ね上がった。一九〇八年四月のミュンヒェンの裁判では、リーベンベルクでオイレンブルクと交渉があったとされる漁師ゲオルグ・リーデルやヤーコブ・エルンストが証言台に立ち、生々しいオイレンブルクとの性交渉の模様を語った。

そこでおこなわれた相互オナニーは、刑法一七五条に違反するものではなかったが、こうした赤裸々な事実や証言がでるたびに、オイレンブルクは「救いようがないほど落ち込んでいた」し、「これが意味することは彼の存在全体の完全なる崩壊である。……外側の破局よりも衝撃的なのは、友人への信頼の内側からの崩壊である」[Röhl 1976:1539]。

とくにオイレンブルクのFreundであったクーノー・モルトケに関しては、性科学の創始者マグヌス・ヒルシュフェルトが裁判公判のなかで、彼の無自覚の同性愛志向を確認し、世論の興奮をあおる結果となったし、ヴュルテンベルク王の首相を務めていたザードン男爵は、一九〇七年十一月ヴァルンビューラーに宛てた手紙のなかで「陛下のご不興を見ていると、オイレンブルクやモルトケの無罪を信じることは、難しい」と書き送っている[Röhl 2002:40]。

ついに一九〇八年五月八日、リーベンベルクでオイレンブルクは、「同性愛」容疑で逮捕された。だが現実にはオイレンブルクは、容疑否認のまま、病気療養が必要とされ、リーベンベルクに隠遁することとなった。たしかに実際にオイレンブルクをめぐる裁判が始まれば、ヴィルヘルムまでもが出廷する可能性を排除できず、帝政の信用失墜の決定的危機であった。

「貴殿はなんとか事を成就するかもしれん。だがオイレンブルクを追い落とすことはできまい」とビスマルクはハルデンに言ったとされるが、「しかし私は成功した」とハルデンは裁判官の前で勝ち誇った。「そしてその結末は国家と皇帝にとって有益であった」と自己正当化をハルデンは唱えたが[Röhl 2002:40-41]、歴史は逆のこと、つまり皇帝とドイツの破滅が始まることを証明することになったのである。

ビューローの動揺と失墜

オイレンブルクの恩恵に浴していた宮廷の人間や軍人たちは、いまやオイレンブルクを、「犯罪者やハンセン患者のように忌避するようになった」[Röhl 1976:17]。その典型がビューローである。あれだけオイレンブルクやヴィルヘルムから期待されていたビューローは、「何も、だれたりとも私たちを引き裂くことはできない。旧年どおり新しい年においてもつねに、君が神に守られ、祝福され、導かれんことを。心からの愛で君を抱きしめる」という書状を事件の直前に送っていたにもかかわらず、検察側がオイレンブルクに対して偽証罪で告発すると、ビューロー宰相は、互いに「君」で呼んでいたオイレンブルクが逮捕されそうになっても、なんら行動を起こそうとはしなかった。「友情が試され」たが、結局ビューローはオイレンブルクを見限ったのであった[Röhl 1976:17]。彼が自分の身にスキャンダルがおよぶのを恐れたということも考えられる。

ヴィルヘルムのビューローに対する信任も大きく揺らいだに違いない。いまやオイレンブルクの後見をなくした裸の王様ヴィルヘルムは、続いて『デイリー・テレグラフ』事件という大失態をさらすことになった。つまり、一九〇八年十月二十八日、ロンドンの日刊紙『デイリー・テレグラフ』はヴィルヘルムのインタビュー記事を掲載した。そこでヴィルヘルムは自らの親英感情を強調し、それがゆえにドイツで孤立しているとか、ブーア戦争のときの作戦の成功は自分がヴィクトリア女王に提案した案に基づいたからだとか、ドイツ艦隊増強の目的はイギリスを標的にしたものではないとか主張した。ヴィルヘルムの主観的意図としては英独関係をなんとか修復させたかったらしい。イギリスやドイツの世論はヴィルヘルムの不遜な姿勢に沸騰したが、本来ヴィルヘルムがもつ性格からすれば、何の不思議でもなかった。

ヴィルヘルムの意図に反して英独関係がその後悪化し、他方、一九〇八年十一月のドイツ帝国議会内のすべての政党が皇帝を批判するなど、ヴィルヘルムはまったく考えていなかったに違いない。この騒動自身は、皇帝が宰相に対して今後は憲法にのっとって政治をおこなうことを言明し、いったん収束した。ドイツの政治が立憲政治化しているという実態とヴィルヘルムの思い違いのあいだの乖離を際立たせる結果とこの事件はなった。

ただ、もしハルデンの訴訟がなかったならば、「デイリー・テレグラフ事件にしても、国家的危機としてあれほどの大事にまで広がることはなかったろう。両者は軌を一にし、同じ不安のあらわれであり、同じ闘争のなかでの闘いなのである」〔ゾンバルト 1994:44〕。

その不安の中心は宰相ビューローであった。オイレンブルクの「分身」であるはずのビューローは、この事件でも煮え切らず、ヴィルヘルムを守ろうとしなかった。ビューローは、オイレンブルクも守れず、皇帝をも擁護し切ることができなかったとすれば、ヴィルヘルムの信任が大きくそこなわれたとしても不思議ではない。

ヴィルヘルム自身が一九二七年にオランダから書いたある手紙のなかでも、オイレンブルクやモルトケに対する裁判と『デイリー・テレグラフ』事件が帝政にとって「最初の打撃」だったと述懐しているのであり、皇帝を守り切れなかったビューローは、ついに一九〇九年七月、辞任に追い込まれることとなったのである。

一方オイレンブルク事件以後も同性愛に関する醜聞は絶えなかった。一九〇八年十一月には軍事参議院長を務めていたヒュルゼン＝ヘーゼラー伯爵が、心筋梗塞で皇帝の足元に倒れて死んだが、その死因は、皇帝の側近たちの前でバレリーナのテュテュを身につけてピルエット（連続ターン）を披露したあと、あまりに興奮したからだとされている［Hull 1993:88］。

オーストリアでも、レーデル大佐というオーストリア＝ハンガリー帝国諜報局副局長が、同性愛的情交を結んだロシアの秘密警察員に軍事計画を漏洩した廉《かど》で、一九一三年五月上司より自殺を強要された。ハルデンが、オイレンブルクとルコントの関係に嗅ぎつけていた兆候が現実のものとなった。

オイレンブルクの墜落と『デイリー・テレグラフ』事件による皇帝の自信喪失は、その後、むしろ軍隊の政治権力強化に拍車をかけ、「プロイセン＝ドイツ王政の自殺行為」［Röhl 2002:35］といわれる第一次世界大戦＝「誤った戦争」へと「神経質になった大帝国」ドイツを駆り立て、ひいては、ヨーロッパ全体の旧体制の崩壊という破局へと導いていく一因となっていくのであった。

おわりに

第一次世界大戦が始まると、オイレンブルクが危惧してやまなかった「帝国に忍び寄る将来の二つの危機——軍事独裁ないしはビスマルク型独裁が一つ、もう一つは議会制——」という「差し迫る危機」はいまや不可避なものとなった[Röhl 1982:220]。軍事独裁は第一次世界大戦のときに現出したし、その後ドイツ革命によって議会主義が誕生するのであった。時代の流れに逆行し、なんとか皇帝権の失墜を防止したいともがいたオイレンブルクのヴィルヘルムに対するホモセクシュアルな愛の物語は、一九二七年になってもヴィルヘルムがオイレンブルクを「献身的殉教者」と高く評価していたとすれば、チェーホフ的「喜劇」と記述することも可能である。

時代は、二十世紀の民主主義の時代、大衆の時代に向かっていたし、「性」をめぐっては、再編期を迎え、兵士としての「男らしさ」の時代、レスペクタビリティの台頭＝同性愛の忌避の時代が到来しつつあった[キューネ 1997]。そのなかで宮廷という「私的」空間で展開される「喜劇」は、スキャンダルとなり潰されていくしかなく、さらには帝政自身が破壊されていくことになるのである。これを権力の問題として論じようとすれば、たとえ「世界でもっとも強大な王冠」においてでさえ、レスペクタビリティからの逸脱は簡単にスキャンダルとなり、権力の屋台骨を揺るがす問題となるという、権力の脆弱さを露呈することになるのである。

その意味では、「ヴィルヘルム時代は君主や貴族・ユンカーが横行し、権威主義が支配したというよりも、そうした要因がどんどん守勢に追いこまれ、ブルジョワ的・市民的な要因が攻勢的状況にたち、きたるべき支配的地位をめざしていた、そういう地殻変動のただなかにたっていたのではないだろうか」[成瀬 1997:35]という評価もおおむね正しいといえよう。

参考文献

Die Zukunft, Hrsg. v. Maximilian Harden.

Meyers Grosses Konversationslexikon Neunter Band, Leipzig/Wien, 1908.

Baumgardt, Mansfred, Die Homosexuellen-Bewegung bis zum Ende des ersten Weltkrieges, *Eldorado*, Berlin, 1992, S.17–27.

Bussmann, Walter (Hg.), *Herbert von Bismarck*, Göttingen, 1964.

Jungblut, Peter, *Famose Kerle, Eulenburug. Eine wilhelminische Affäre*, Hamburg, 2003.

Kühne, Thomas (Hg.), *Männergeschichte. Geschlechtergeschichte*, Frankfurt a. M., 1996.（星乃治彦訳『男の歴史』柏書房、一九九七年）

Ferguson, Niall, *Der falsche Krieg*, München, 2001.

Hartau, Friedrich, *Wilhelm II.*, Reinbek, 1978.

Hull, Isabel V., *The Entourage of Kaiser Wilhelm II, 1888–1918*, Cambridge/New York, 1993.

Ludwig, Emil, *Wilhelm II.*, Berlin, 1926.

Mommsen, Wolfgang, *Max Weber und die deutsche Politik*, Tübingen, 1974.

Mommsen, Wolfgang, *War der Kaiser an allem schuld?*, München, 2002.

Mosse, George L., *Nationalism and Sexuality*, University of Wisconsin, 1988.（佐藤卓己・佐藤八寿子訳『ナショナリズムとセクシュアリティ』柏書房、一九九六年）

Rogge, Helmut, *Friedrich von Holstein*, Berlin, 1932.

Röhl, John C. G., *Zwei deutsche Fürsten zur Kriegsschuldfrage, Lichnowsky und Eulenburg und der Ausbruch des 1. Weltkriegs*, Düsseldorf, 1971.

Röhl, John C. G., *Phllip Eulenburgs politische Korrespondenz*, Bd.1, Boppard am Rhein, 1976.

Röhl, John C. G., *Deutschland ohne Bismarck*, Tübingen, 1982.
Röhl, John C. G., *Kaiser, Hof und Staat, Wilhelm II. und die deutsche Politik*, München, 2002.
Schmitt, Carl, *Politische Romantik*, Berlin, 1925.（大久保和郎訳『政治的ロマン主義』みすず書房、一九七〇年）
Sombart, Nicolaus, *Die Deutschen Männer und ihre Feinde*, München/Wien, 1991.（田村和彦訳『男性同盟と母権制神話』法政大学出版局、一九九四年）
Ullrich, Volker, *Die nervöse Großmacht 1871–1918*, Frankfurt a. M., 1999.
兼子歩「アメリカ「男性史」研究の課題と展望」（『西洋史学』二〇九号、二〇〇三年六月）六〇～七三頁
小玉亮子編『現代のエスプリ　マスキュリニティ――男性性の歴史』四四六号、二〇〇四年九月
成瀬治・山田欣吾・木村靖二編『世界歴史大系　ドイツ史3』山川出版社、一九九七年
星乃治彦「ナチズムとホモセクシュアリティ」（『思想』九五五号、二〇〇三年十一月）八五～一〇三頁
星乃治彦「ナチズムと「同性愛者」表象の限界」（歴史学研究会編『性愛と権力の歴史』青木書店、二〇〇四年）二六九～三〇〇頁
矢野久、アンゼルム・ファウスト編『ドイツ社会史』有斐閣、二〇〇一年

第7章
パクス　もう一つの「人権宣言」

栖原彌生

はじめに――二つのフランス

一九九九年十一月十五日、フランス国民議会は「連帯の民事契約に関する法」（Loi relative au pacte civil de solidalité, 通称パクス〈PACS〉）を採択した。これによってフランスは、史上はじめて同性愛者のカップルを公的に承認することとなった。以後法律で認められるカップルは、結婚に加えてパクスと内縁（concubinage, 非婚同居、同棲、事実婚とも訳されている）の三種類となった。そして異性カップルはこれら三つの選択肢をもち、同性カップルは結婚を除く二つの選択肢をもつことになった（共同生活をしない自由結合〈union libre〉を加えて、カップルの種類を四つとする場合もある［Aoun 2000:5］）。

一九九八年十月に国民議会に提案されてから採決にいたるまでの一年あまり、この法をめぐる論議は議会内にとどまらず、社会全体を賛否両論に裂いた。「フランスは、またもや二つに分裂した。パクスのよ

図１　1997年パリでおこなわれた「レズビアン・ゲイ・プライド」

出典：Didier Eribon (dir.), *Dictionnaire des cultures gays et lesbiennes*, Paris, Larousse, 2003, p.287.

うなささやかな企てが、一〇〇年前ドレフュス事件によって開始された争いに再び火をつけたのである。……かつては事件の中心にユダヤ人がいた。現在そこには同性愛者がいる」と評する人もいたのである[Fernandez 1999:136]。この亀裂は、同性カップルの正規化に関する法案が提出された九〇年頃からすでにあらわになった。パクスの採決は、ほぼ一〇年間続いた激論の結果といえよう。

この問題は日本でも関心が寄せられ、いくつかの論考が発表されている。これらは主として法学者によるもので、現行民法の観点からパクスの意味を考察したり[大村 1995]、パクスを紹介・解説したうえでこれを批判的に検討したもの[丸山 1999]、ジェンダー論から照射したもの[大村 2003]、進行中の「脱婚姻化」や家族の多様化とパクスとの関係を問うもの[林 2002]、アメリカの状況を紹介するもの[石川 1984]などである。またパクスをフェミニズム運動に引きつけて説明しようとした論文もある[井上 2001]。

しかしパクスが提案されるまでのプロセスについては、これまでの先行研究はほとんど関心をもっていない。いうまでもなくパクス提案の背後には、それを必要とし熱望する人びとが存在していたし、これらの人びとの中心に同性愛者の運動があったことも間違いない事実である。こうしたプロセスをみることなくしてパクスの意義を語ることはできない。したがって本章の目的は、一九七〇年代初頭から九九年十一月まで三〇年間にわたって続けられた彼らの運動を取り上げて、その軌跡を明らかにすることにおきたい。そのためにまず第1節でパクス法を紹介し、そこに籠められている問題関心を抽出して論考の出発点にする。ついでこの法律が成立するまでの過程を、第2節の七〇年代から八〇年代までと、第3節の九〇年代に分けてその過程を追究したい。そして最後に、パクスの意義について若干の検討を加えることにする。

1　パクスの内容

パクスの条文

まず、少し長くなるがパクスの条文を紹介することから始めたい。

「連帯の民事契約に関する一九九九年十一月十五日の法律第九九－九四四号」

第一条　民法典第一編に、以下のように作成された第一二章を補充する。

第一二章　連帯の民事契約および内縁

第一節　連帯の民事契約（以下パクスと記す）

第五一五－一条　パクスは、異性または同性の成人した二名の自然人が、共同生活を組織するために締結する契約である。

第五一五－二条　以下の場合、パクスは締結されえず、無効である。

⑴ 直系尊属および直系卑属間、直系姻族間および三親等までの傍系血族間、

⑵ 二名のうち少なくとも一名が婚姻関係にある、

⑶ 二名のうち少なくとも一名がすでにパクスを締結している。

第五一五－三条　⑴ パクスを締結する二名は共同の住居を定め、管轄内の小審裁判所文書課に共同で届出をする。

第五一五‐四条　⑴　パクスで結ばれたパートナーたちは物質的な相互援助を与え合う。
⑵　パートナーたちは、日常生活の必要または共同住居の出費のために、双方の一方が第三者と契約した負債に対して連帯して責任を負う。
第五一五‐五条　パクスのパートナーたちは、当パクス締結以後に有償取得した家具調度を共有財産制に委ねるか否かを指定する。指定がない場合には、これらの家具の持ち分は半分ずつと推定される。
第五一五‐七条　⑴　パートナーたちが合意によってパクスの解消を決めたときには、小審裁判所文書課に、共同で文書による届出をする。
⑵　パートナーの一方がパクスの解消を決めたときには、他方にその旨を通知し、通知書のコピーを当初届け出た小審裁判所文書課に送付する。
⑶　パートナーの一方が婚姻によってパクスを解消するときには、他方にその旨を通知し、この通知書および婚姻が記載された出生証明書を、当初届け出た小審裁判所文書課に提出する。

第三条

民法典第一編第一二章に、以下のとおり起草される第二節を補充する。
第二節　内縁
第五一五‐八条　内縁は、カップルで暮す異性または同性の二名のあいだで営まれる、安定的で継続的な共同生活によって特徴づけられる事実婚である。
第四条　一　一般税法第六‐一条につぎのように作成された段落を補充する。

パクスで結ばれたパートナーたちは、パクス登録三年目の所得税から、共同課税の対象となる。課税は連名でなされる。

第五条　一　一般税法に、以下のように作成された第七七七－二条が挿入される。

贈与者または遺贈者とパクスで結ばれているパートナーの受取額への課税は、三七万五〇〇〇フランまで控除され、一〇万フラン以下の場合は四〇％、それを越える場合は五〇％とする。

第七条　社会保障法第一六一－一四条の第一段落に、以下のように起草された文章を補充する。

パクスによって社会保険加入者と結びついていて、別の社会保険に加入していないパートナーは、相手の社会保険に加入できる。

第八条　労働法第二二三－七条、第二二六－一条の第四段落、第七八四－一条はパクス・カップルにも適用される。〔すなわち同じ企業に勤めるパクス・カップルは、同時に有給休暇をとり、パクス締結日や家族の事情による特別休暇をとることができる〕

第一三条〔公務員の身分を規定した一九八四年一月十一日の法、一九八四年一月二十六日の法、一九八六年一月九日の法を改正して、パクス・カップルの一方が転勤した場合、他方もそれに近い職場への転勤を願い出ることを可能にした〕

第一四条〔一九八九年六月六日の法の第一四・第一五条で定められている住居の賃貸関係をパクスのカップルにも適用した。すなわち賃貸契約をしているパートナーと死別・別離した者に賃貸権が移譲されることが可能になった〕

（パクス法は一五条からなり、各箇条が民法典、一般税法、社会保障法、労働法などに挿入された。ここでは、パクス法の箇条をゴチックであらわした。また本章と直接かかわりがない箇所は省略した。第八条、第一四条は原文のままでは意味が伝わりにくいので、引用者が書き換えたものを〔　〕で記した）

パクスから読み取れるもの

パクスは、大きく分けて三つの部分からなっている。一つ目はパクスそのものを規定した第一条（民法第五一五－一～七条）で、その定義・成立条件・効果などを述べた部分である。これによってパクスは、法律で規定されたカップルの一形態となった。またパクスを締結するのは、「異性または同性」のカップルとされ、性的志向のいかんを問うていない。またその条件として、近親相姦の禁止、モノガミー（一夫一婦制）の原則準用、共同生活と相互扶助の義務など、結婚との共通点が多い。だがその効果は結婚よりも弱い。パクス締結は戸籍簿に記載されないから、締結者は戸籍上では独身者のままである。またその解消は、双方の合意がなくても一方の意志だけで決めることができる。つまりパクスは結婚ほどの拘束力をもっていない。

二つ目の部分はわずか一条からなるパクス法第三条（民法第五一五－八条）で、内縁を規定したものである。これによって、それまで放置されてきたもう一種類のカップルが、法のなかに取り込まれた。そして内縁カップルにも、「異性または同性の」という形容句が付されている。だがここで、われわれは奇妙なことに気づかされる。この法律はパクスについての法律であるにもかかわらず、「内縁」カップルという異種のカップルについての箇条が、一つだけ挿入されているのである。しかも、その条件や効果については何も規定されていない。内縁カップルの権利と義務については、一九七〇年から個々の事例にそくして、付与されているものを参照せねばならない。

三つ目は、パクス・カップルに付される権利と義務を規定した同法第四〜一四条で、彼らの共同生活のさまざまな領域における法的効果を記している。まずパクス法第四・五条が一般税法に加えられて、カップルによる所得税の支払いを共同課税とし、一定の贈与税が課されるとしている。ついでパクス法第七条が社会保障法に挿入され、カップルの一方が加入している保険が他方にも適用されることになった。さらにパクス法第八条が労働法に加えられて、カップルが同時にバカンスと特別休暇をとることができるようになった。最後にパクス法第一四条が住宅の賃貸関係に関する法に付加されて、賃貸契約をしているパートナーと離死別した場合、残された他方が賃貸権の譲渡を受けることができるようになった。

さて、このような構成内容をもつパクス法には、いかなるメッセージが籠められているのだろうか。まず第一にこの法律によって、フランス史上はじめて同性カップルが公的に承認されたことをあらためて確認したい。このときから同性愛者は、セクシュアル・マイノリティとしての存在から解放されたのである。ここで強調しておきたいのは、このことを実現した主役は同性愛者たち自身だったということである。この解放の過程が、いつからどのようにして展開されたのかを検討することが、次節以下における第一の検討課題である。ついで注目したいのは、パクスも内縁関係も「異性または同性」によって構成されるとしたことである。この点でフランスは、一九八〇年代から北欧諸国を中心に進められた同性カップルの制度化とは異なる道を選んだ。これらの諸国では（オランダを除いて）、既存の異性カップルとは別個に同性カップルの制度化がはかられている。これに対してフランスは、性的志向が異なるものをともにパクスの枠のなかに束ねた。この理由を考えることが第二の課題である。

つぎに注目したいのは、内縁を定義づけた一箇条が、単独でパクスのなかにはめ込まれている点である。ここにはある意気込み、ある種の強引さの気配が漂っている。内縁カップルをパクスのなかに挿入しようとする強い意志が働いているのである。この条項を入れることがパクス法にとって必ずしも必要ではないにもかかわらず、なぜそうしたのかを問うことが第三の課題である。最後の注目点は、パクス法には周到な入念さでパクス締結者の日常生活を具体的に保護する事項が盛り込まれていることである。この部分は、パクス制定の根底に潜む深い理由を垣間見せている。この間に同性カップルに何が起こったのかを明らかにすることが、第四の課題となる。

以上四つの課題は相互に深く関連し合っているために、別々に切り離して検討することは、困難だし適切とはいえない。次節以下では、第一の課題を中心において同性愛者の運動のプロセスを追究し、第二から第四の課題については、時宜に応じて検討を加えるという方法をとりたい。

2 「タンスから出た」同性愛者たち

「壁にへばりつく」のはやめよう！——第一期（一九七〇年代）

パクスの成立過程を同性愛者運動の側からみると、三つの時期に大別できる。まず第一期は一九七〇年代で、同性愛者がはじめて公然と姿をあらわした時期である。第二期は八〇年代で、同性愛者の権利要求が受け入れられると同時に、シダ（sida）が猖獗《しょうけつ》をふるい、彼らの状況と運動に決定的な影響を与えた時期である（後述するが、このとき「エイズ」と名乗る組織がエイズとの闘いの中心を担った。これと区別するために病気を意味するときには、エイズのフランス語訳であるシダを用いる）。第三期は九〇年代で、同性愛カップルに法的保証を与える必要が自覚され、パクス成立にいたった時期である。以下これら三つの時期について検討を加えたい。

同性愛運動の事始めには、黙示録めいた逸話がある。五月の動乱のさなか、八枚のビラがソルボンヌの壁に貼り出された。ビラは、「同性愛者に加えられる抑圧、彼らの孤立、断たれた進路、警官による虐待」を糾弾する一方、彼ら自身に向かっても「ぶたれた犬のような目をして、壁にへばりつくような」卑屈な態度をやめようと呼びかけていた。ビラは、「革命が汚されるのをきらう」「正規の」占拠学生によって即座に破り捨てられたために、だれにも気づかれぬまま終わった[Martel 2000:31]、という。かりにこの「事件」が伝説だったとしても、このような伝説が生まれたこと自体に意味がある。「五月の運動」は同性愛を拒否したが、じつはその内部で性の解放をめざす闘いが芽を出していたのだ。闘いの中心が階級闘争から性の闘争へと移行するのは、もう間近である。

それから三年後の一九七一年三月十日、リュクサンブール・ラジオ・テレビ局が「同性愛――この苦渋の問題」と題する討論会を放送していた。ゲストの聖職者が、自分の性的志向を告白した信者の苦しみについて話し始めたとき、会場にいたレズビアンのグループが口々に叫び始めた。「われわれは苦しんでなんかいない！」等々。討論会はただちに中止された〔*France Soir*, 12 mars 1971〕。会場に残ったレズビアンとゲイたちは、「同性愛者革命行動戦線」（Front homosexuel d'action révolutionnaire, ＦＨＡＲ）を結成した〔Eribon 2003: 194〕。ＦＨＡＲが公然と路上に姿をあらわしたのは、それから約二カ月後のメーデーにおいてだった。伝統的な労働の祭典に参加しただけだったが、それはほかの参加者からみれば場違いな出現でしかなかった。わずか五〇人ほどの集団は行列の最後尾について、「女性解放運動」（Mouvement de libérations des femmes, ＭＬＦ）とリセ生のグループ「青年解放戦線」にはさまれて行進した〔Martel 2000: 46–47〕。ＦＨＡＲは、おずおずとにせよ自らが行動に踏み出すことによって、同性愛者たちに「タンスから出てくる」（カム・アウトする）ことを促したのである。

こうして端緒が開かれたゲイ・レズビアンの運動には、二つの見逃せない点がある。まず一つ目は、その二年前にアメリカ合衆国で勃発した事件の影響である。一九六九年六月ニューヨークのゲイ・カフェに押し入ろうとした警官に対して、これまでは無抵抗だった客たちがはじめて抵抗に転じ、三日間立てこもった。この事件をきっかけに、国内での同性愛者運動が活発化し、フランスにもおよんだのである。さらに六八年にデンマークでは、社会党が同性カップルに結婚を認める法案を提出している。このような試みは、ノルウェー、スウェーデンなどほかの北欧諸国にもおよんでいく[Mecary et Leroy-Forgeot 2000:17–28]。同性カップルの承認をめぐる動きは、少なくとも欧米諸国において追い風を受け始めた。二つ目の注目点は、フェミニストとの関係である。フェミニストたちは、女性にあてられた性別役割に対して女性の劣位や家父長制を支えるものとして異議申立てをしていた[Mecary et Leroy-Forgeot 2001:98]。一方同性愛者たちは、性別そのものに対して家父長制を根底で支え彼らを排除するものとして糾弾していた。「こうして同性愛運動は、フェミニズム・イデオロギーと深く共謀することによって飛躍的な発展を遂げ」[Bach-Ignasse et Roussel 2000:102]ることになる。テレビ局の討論会で騒動を起こし、ＦＨＡＲの結成を宣言したレズビアンたちは同時にフェミニストであり、彼女らにゲイたちが連帯したのである。

ＦＨＡＲは、自己を反社会的な存在として認識し、既成社会の解体を目標として掲げた。異性愛社会のなかで権利を要求することは、この時点では問題外だった。このことは、一九七〇年代における左翼運動の状況を想起すれば理解できる。例えばＦＨＡＲの指導者フランソワーズ・ドーボンヌは、「あなた方は、社会は同性愛者を統合しなければならないといいます。私にいわせれば、社会は同性愛者によって解体されなければならないのです」と語っている[Martel 2000:37]。しかしＦＨＡＲの出現は、それ以後の同性愛者の歴史における画期となった。彼らはゲイ・レズビアンたちに向かって、「壁にへばりつく」のをやめて公共の場に出ていき、自己の真実を語るように呼びかけた。ＦＨＡＲは、言葉を解放したのである。

差別の撤廃とシダの来襲――第二期(一九八〇年代)

彼らの運動に転機が訪れるのは一九七九年七月である。このときマルセイユで第一回同性愛者夏期大学が開催され、全国の連合体として「同性愛者抑圧粉砕緊急委員会」(Comité d'urgence anti-repression homosexuelle, CUARH)が結成された。CUARHは、主要な目標を刑法第三三一条第三項の撤廃に決定した。この条文は、十八歳未満の者とホモセクシュアルな関係をもつことを禁止するものである。ちなみにヘテロセクシュアルについては、十五歳から合法とされていた。そして大統領選挙を翌月に控えた八一年四月四日、約一万人によるパリのゲイ・プライドはこの目標を掲げて行進した[Eribon 2003:287]。大統領選に立候補したミッテランは四月二十八日、フェミニスト団体「ショワジール」主催の会合で「同性愛は犯罪であることをやめるべきだ」と述べ、この要求に応える意志を表明した[Arnal 1993:58]。彼は、翌八二年七月にこの約束をはたした。さらに翌年七月には、同性愛者を標的とした「公序良俗」遵守の義務が公務員法から除去されるなど、同性愛者を差別する規定がすべて撤廃された。彼らは七〇年代までの既成社会否認の態度を改めて、「差異の権利」要求へとスタンスを切り替え、それに成功したのである[Borrillo 1998:110–111]。

だが彼らは、異性愛社会に対しては異端児だという自己認識を依然として保ちつづけていた。彼らは、固有のネットワークによって構築されたコミュニティのなかに住み、春を謳歌するにとどまった。こうした状況は、彼らのネットワークがユダヤ人街のあるマレー地区を中心にしていたためか、皮肉まじりに「ゲットーのなかの幸福」と呼ばれた[Martel 2000:268–300]。彼らがさらに方向転換をして、同性カップルの法的承認をめざす闘いに踏み切るためには、もう一つの試練、すなわちシダの来襲とその破滅的な影響にみまわれねばならなかった。

一九八一年六月アメリカのニューヨーク州とカリフォルニア州で、奇妙な「死病症候群」(syndrome mortel)がゲイのあいだで流行し始めたことが報告された[*New York Times*, 1981. 7. 2]。そして病因が不明なまま、その症状から「ゲイ癌」(Gay Cancer)と命名された。

アメリカで発症のニュースがフランスに伝えられたのは、一九八一年九月、CUARHの月刊誌(八二年九月から週刊誌)『ゲイ・ピエ』(*Gais Pied*)によってだった。ただしフランスにおける最初の発症は、同年六月五日にアメリカから戻ったパリ在住のステュワードにみられたとの報告がある[Martel 2000:320–321]。ついで翌八二年一月には、『リベラシオン』紙[*Libération*, 6 janvier 1982]や『ル・モンド』紙[*Le Monde*, 27 janvier 1982]など四紙が、この得体の知れない病気について報じている。

このできごとは、前述のように同性愛者に対する差別が撤廃されたのと時を同じくしていた。同性愛組織は、これまでの「差異の権利」要求が受け入れられたという達成感にひたり、闘いの目標を見失っていた[Strazzulla 1993:16]。「……一九八〇年代初頭のゲイ活動家たちは、状況の変化に対応することができなかったし、その意志もなかった」[Duncan 2002:81]。彼らは、この病気に関する正確な情報をもたないまま、新たな差別――再度の警察の介入や隔離――を恐れて、ひたすらシダへの感染を無視するか隠すことに奔走しつづける[Martel 2000:324]。彼らは、「ゲットー」が大火にみまわれてもそこから出ようとしなかった。

この袋小路に道を穿ったのは、それまでの政治的な組織とは異なる集団だった。まず医師たちがいる。

一九八一年五月、「ゲイ医師協会」(Association des médecins gais, AMG)が、『ゲイ・ピエ』に寄稿していた医師たちによって設立されていた。AMGは、「ゲイ癌」がアメリカで発症してからほぼ一年後に、その医学的究明に取り組んでいる。さらに翌八二年には、パリのクロード・ベルナール病院の医師を中心に結成された「シダ対策フランス作業グループ」(Groupe de travail français sur le sida, GTFS)が、HIVの発見に協力すると同時に、シダとの闘いの開始に橋渡し的な役割をはたした。なぜなら、GTFSのメンバーだったパトリス・メイエが、八三年八月にシダと闘う最初の組織「シダの克服」(Vaincre le sida, VLS)を結成したからである。この組織は、シダに関する情報を提供するパンフレットの配布、金もなく孤立している患者への支援、電話相談窓口の設置など医師としての緊急で実際的な活動に専念した。しかしこのときフランスでは、シダが流行し始めてから二年もたっておらず、感染者の数も少なかった。同年六月には、世界全体で一六四〇人が感染し、うちフランスでの感染者は五九人という報告がなされている[*Le Monde*, 27 juin 1983]。またこの病気の治療法も発見されていなかった。VLSは、わずかな動員にあまんぜざるをえなかった[Pinell 2002:37–46]。

この不振な状態は、翌八四年十月に結成された「エイズ」(AIDES、これには英語による二つの意味、すなわち病気のエイズと「援助する aide」の意味が籠められている)によって乗り越えられることになる。哲学者ダニエル・ドゥフェールが、長年のパートナーだったミシェル・フーコーを同年六月にシダでなくしたことをきっかけに、シダとの闘いを決心したのである。発起人には医師のほかに、ジャーナリスト(『ル・モンド』紙)、弁護士、大学研究者などが加わった。「エイズ」は、VLSと同様の活動をしながら異性愛者もメンバーとして受け入れ、地方にも組織を拡大していった。その結果八〇年代末には、マルセイユをはじめ地方の中心都市のほとんどすべてに支部がおかれ、ボランティア数も九〇年には二二〇〇人に達した。また加入者の構成にも変化がみられる。男性の同性愛者が占める割合が八六年の八九%から九七年の五六%に減少したのに対し、女性(その大部分が異性愛者)の割合は同じ期間に一一%から四三%に増加している[Eribon 2003:24]。

3 同性カップルの法的承認に向けて

転換点としての一九八九年

だが、ゲイ・カップルへのバッシングは熾烈を極めた。例えば、パートナーをシダでなくした男性が、相手の家族によって財産、それも共同生活のなかで獲得した財産を奪い取られたうえ、それまでの住居から追い出され、葬儀への参列も拒否されたというケースがある。このケースは、同性愛カップルがおかれている状況——絶望的な孤立——を象徴的に示している。そしてカップルの一方がシダに冒された場合、家族の援助や法的・社会的な支援を期待できないまま、パートナーが孤立無援のまま病人を看取り、その死を見取ることになる[Bach-Ignasse et Roussel 2000:99]。シダが彼らのおかれている状態を顕在化したのだ。こうした状況が続くなかから、一九九〇年代にはいると同性カップルを法的に保護する必要が自覚されるようになる。パクス成立にいたる同性愛運動は、その最終段階にあたる第三期に入った。

この方向を決定的にしたのは、一九八九年に起こった三つのできごとである。まず第一に、同年六月二十四日にパリで開催されたゲイ・プライドへの「アクト・アップ・パリ」(Act Up - Paris)の参加があげられる。「アクト・アップ」は、もともと八七年三月にニューヨークで生まれたが、シダの問題を政治社会問題としてとらえていた。すなわちシダは、同性愛者のほかに、外国人や売春夫(婦)、囚人などマイノリティを真っ先に冒しており、「排除の論理」を表象すると考えた。行動様式としては、「沈黙=死」と記したステッカーをTシャツに貼りつけてデモ行進するなど、ビジュアルな演出によってシダとの闘いを訴えた[Lestrade 2000:41]。この組織は、シダとの闘いをほかの諸国にも広げようとしていた。これに加担した三人のフランス人ジャーナリストによって、「アクト・アップ・パリ」が結成されたのである[Lestrade 2000:41]。

この組織の出現と拡大には、つぎのような条件が働いている。まず、検診の進展によってこの病気に対する理解が社会に広まったこと、「エイズ」など既成の反シダ組織が極度に制度化したこと、流行の初期にみられたようなウイルス感染者やゲイに対する烙印や排斥の懸念が弱まったこと、そして、つぎに述べるように政府がスタンスを変化させたために、公権力への働きかけが容易になったことがあげられる。この組織によって、シダとの闘いが同性愛運動全体の中心テーマとなり、さらに一般の人びと——とりわけ非感染者や女性——も参入する場がつくられた[Eribon 2003:20]。「アクト・アップ」の批判を受けた「エイズ」も、結局この日のゲイ・プライドに合流し、「アクト・アップ」とともに行進した[Pinell 2002:207]。この日をもって、シダとの闘いと同性カップルの権利取得をめざす闘いとが結合し、そのための社会的なネットワークがおぼろげながら輪郭をあらわし始めた。

第二に、政府がシダ対策の実施に本腰を入れ始めたのも一九八九年であった。その前年に成立した左翼系のロカール内閣が、前任のシラク内閣によって策定されていた計画を実践に移すことにしたのだ[Pinell 2002:91–96]。この頃国内では、感染の媒体を昆虫に求めたり患者に触るだけで感染するなどといった偽情報が飛び交い、ほとんどパニック状態に陥っていた。もはやシダは、社会的災禍の様相を帯び始めていた。シラク内閣はシダとの闘いを「国家の大儀」と位置づけて、厚生大臣ミシェル・ヴァルザッシュにプランの作成を託した。彼は、相手の同意を尊重するリベラルなやり方をとることを基本的な態度とした。そのために、ゲイに検診を強要しないこと、また正しい情報を提供し、教育活動を重視することを提案した。一方極右の「国民戦線」が、対案――患者の強制的な隔離と検診による「衛生警察」(police sanitaire)――を提出したことが、逆に政府案の採決に幸いした。国民戦線案に警戒感をいだいた右派と左派の議員は、ヴァルザッシュ案をほぼ全会一致で可決したのである[Pinell 2002:151]。ここに議会内で、シダと闘うための超党派的なコンセンサスが成立した。

ヴァルザッシュ案を引き継いだロカール内閣は、この案の実行のために三つの機関を設立した。すなわち、医療・生体医学・公衆衛生などあらゆる分野の研究を支援し相互の連携をはかる「全国シダ研究機関」、シダによって引き起こされる社会問題への対応をはかる「全国シダ評議会」、シダに関する予防・教育のための「フランス・シダ克服機関」である。さらにヴァルザッシュは、院外で活動をしていた団体との協力関係を重視した。在野の諸組織と連携して闘いに取り組む態勢が整えられたのである。こうして、いわば国家と社会の協力体制ができあがったといえよう。

第三に一九八九年は、法曹界がはじめて同性カップルに対して否定的態度を公にした年でもある。この年、同性カップルによる二件の提訴に対して破棄院の判決が出された。一件は、エール・フランスのステュワードが、自分に発行される割引航空券をパートナーにも発給するように申請したにもかかわらず、会社が拒否したことに対しておこなわれた訴訟である。エール・フランス社は、職員の配偶者と異性のパートナーには発給していた。もう一件はロワール・アトランティック県在住のレズビアン・カップルの場合で、その一方が加入している保険を彼女のパートナーへも適用することを申請したにもかかわらず、保険会社が拒否したことに対する訴訟である。同年七月、破棄院はこれら二件の訴訟を棄却した。その根拠はつぎのようなものだった。「結婚によって結合することなく夫婦のように生活することを決めた二人の共同生活は、男性と女性によって構成されるカップルによるものでなければならない」[Mecary et Leroy-Forgeot 2000:85–86]。

この判決文で見逃せないのは、このときはじめて破棄院が、異性間の内縁カップルを婚姻に準ずるものとして認めたことである。じつは異性の内縁カップルには、カップルとしての権利を獲得するために闘った長い歴史がある。彼らが部分的にせよこの資格を認められたのは、一九七〇年一月二十七日の破棄院判決においてが最初であった。この判決は、パートナーを失ったことによってこうむった損害の賠償をもう一方のパートナー(女性)に認めたものである[Mecary et Leroy-Forgeot 2000:84]。それ以後裁判所は、内縁カップルによる種々の訴えにケースバイケースで応えてはきたが、内縁カップルの認否についての公式見解は出さないままできた。八九年に破棄院が公にした見解の根底には、同性愛を断じて否認しようとする法曹界の伝統的な立場がみえる。この立場を貫くために彼らは、内縁関係を結婚のコピーとして異性間に限って認め、同性カップルを切り離して排除しようとしたのである（もっともフランス民法典が、結婚を異性間に限っていると解釈することへの反対意見もあるが［Mecary et Leroy-Forgeot 2000：38］）。見方を変えるならば、それまで裁判所は結婚による以外のカップルを正規化しようとしなかったのだが、ここにきて同性カップルを否認するために異性間の内縁カップルを結婚に擬してしまった。裁判所は、「伝統を守る」ために「伝統から逸脱」したのである。

以上一九八九年に起こった三つの事件をまとめるならば、つぎのようになるだろう。第一の事件では、院外で、同性カップルの承認を求める社会的ネットワークが形成され始めたことをみた。第二では、政府がシダとの闘いに本腰を入れる決意を固め、さらに今述べた社会的ネットワークと連携し始めたことが示された。第三の点では、法曹界が、カップルに関してあくまで伝統的な立場を守ろうとする立場をとることが明らかになった。このような布陣を前提として、九九年のパクス法成立までのほぼ一〇年間、国をあげての論議が繰り広げられる。

さまざまな試み――一九九〇〜九七年

同性カップルの制度化をめざす法案は、パクスが提案されるまでに三回出された。まず一九九〇年五月、「民事パートナー」(Partenariat civil)法が「ＳＯＳラシスム」のジャン・ルイ・メランションによって上院に提出された。この法案を作成したのは、じつは院外の組織「ゲイ解放集団」(Gais pour les libertés, ＧＰＬ)である。この組織は、八〇年代半ばに社会党員から成るプレッシャー・グループとして、ファビウス派と結んで結成されたものである。GPLは、シダによってゲイ・カップルが陥っている悲劇的な境涯に対して、救済の必要を感じていた。この観点から、同性カップルの制度化によって異性カップルと同等の権利を保証するための構想が生まれたのである。前述のごとく八九年七月に、破棄院によって同性カップルの提訴を却下する判決がくだされ、司法には何も期待できないことが明白になった。GPLは議会での立法によるる解決をめざして、「民事パートナー」の法案作成にとりかかり、翌年に提案した［Bach-ignasse et Roussel 2000:128–130］。

「民事パートナー」法は、この時点では議論もおこなわれずに終わった。しかしこれによって、それまで院外のみで議論されてきた同性カップルの法的承認の問題が、はじめて政治の場に持ち込まれたことは重要である。さらにいえば、「……ゲイ・カップルはもはや、二人の個人がともに暮すことを選択するというたんなる私的な事柄ではなくなった。疫病が、私的な問題を社会問題に変えてしまい、回答を迫ったのである」［Pinell 2002:382］。私生活の場から発信された権利の要求が、社会の場を媒体として議会や政府など政治の場に届けられたのである。こうしてパクス法提案への道筋がつけられた。

「民事パートナー」法が提案された一九九〇年に、プロテスタントのドゥーセ牧師が何者かによって拉致・殺害されるという事件が起きた。その背景には、彼が七四年に同性愛者（レズビアン）の結合を祝福し、数年後に「解放者キリストセンター」を創設するなど、同性愛者を受け入れる立場を示していたことがある［Mecary et Leroy-Forgeot 2001:46］。この事件がきっかけとなって翌九一年十月、「『民事結合契約』のための集団」(Collectif pour le contrat d'union civile, CCUC)が設立された。この集団はCUARHの元活動家たちと社会党議員を中心とするが、議員と在野の組織や個人との連携を重視した。こうして院の内と外の架け橋になる一方で、議会内のほかの左派議員、さらに右派の議員の賛同をもできるだけ多く得ることをめざすという困難な仕事にとりかかった。CCUCは、「社会的な熱望を政治の言葉に翻訳すること」[Bach-Ignasse et Roussel 2000:132]に力をつくす。

そして一九九二年十一月、「民事結合契約」(Contrat d'union civile, CUC)が、八人の社会党議員によって提案された。彼らは、「民事パートナー」を提案した際に体験した議会の沈黙を避け、議員たちにより受け入れられやすくし、議会で過半数の賛同を得るために、つぎのような戦術をとった。すなわち「CUCと「同性愛との関係を切り離し」(déshomosexualiser)、部分的に「性の問題と切り離す」(désexualiser)こと」、具体的には「共同生活を営むすべてのペアについて、その関係性がいかなるものであろうと(同性・異性、兄弟姉妹、友人のいずれであっても)、契約ができるものとした」[Pinell 2002:383]。こうすることによって、同性カップルへの集中的な攻撃を避けることがめざされた。また異性の内縁カップルを包含することによって、彼らを味方に引き入れようとした。この法案は採決にはいたらなかったが、とくに緊急な事態への対応として二つの措置が可決された。一つは、内縁関係にある同性愛カップルが離別した場合、一方がもっていた住居の賃借権を他方に移譲できるとしたことであり、もう一つは、彼(女)の一方が加入している社会保険を他方にも適用できるようにしたことである。これらの措置は、八九年になされたような破棄院による棄却判決を防ぐことを目的としていた[Bach-Ignasse 1998:126]。

さらに一九九五年九月、「エイズ」が五月に作成した「社会生活契約」(Contrat de vie sociale, ＣＶＳ)とＣＵＣが合併して、第三番目の法案「社会結合契約」(Contrat d'union sociale, ＣＵＳ)が作成された[Wharton 2002:74]。その内容は、基本的にＣＵＣを踏襲したものである。そして九七年一月、社会党議員によってＣＵＳが提案された。

パクスの採択

この流れは、一九九七年六月一日の国民議会選挙で左派が勝利し、ジョスパン内閣が成立したのを機に、一気に速度を早める。例えば同月、法務大臣に就任したエリザベト・ギグーは、「同性愛者たちは問題を提起したが、彼らだけがこの問題にかかわるのではありません。……二人の人間の結合を、結婚制度のみに要約することはできないのです」と述べ、政府がＣＵＳの採択に関与する用意があることを示唆した[*Le Monde*, 23 juin 1997]。また翌二十四日には、左派の急進派、市民民主運動、緑の風が、法案「市民民事結合契約」(Contrat d'union civile et sociale, ＣＵＣＳ)を共同提案した。同年九月十二日、国民議会の法務委員会委員長カトリーヌ・タスカが、社会党のパトリック・ブロッシュと市民運動のジャン＝ピエール・ミシェルにそれまでに出された諸提案の調整と新たな委員会案の作成を依頼する。二人は、翌九八年四月二十八日の法務委員会で「連帯の民事契約」(パクス)を提案し、採択された[Bach-Ignasse et Roussel 2000:210-211]。

法務委員会はこの決議に基づいて、同年十月八日にパクス法案を国民議会に提出し、審議が開始された。ここから先の過程についてはすでにいくつかの邦語論文で紹介されているので、詳述を控えるが、簡略にまとめるならば、この法案は国民議会で同年十二月九日に採決されたが、元老院で数度にわたる修正案による反対にあい、ようやく一九九九年十月三日国民議会のみの採決によって決着がつけられた(さらに両院の反対派は、パクス法の違憲審査を憲法評議会に申し立てて最後の抵抗を試みたが、十一月九日に合憲と宣言された)。そして十一月十五日のシラク大統領による交付によって、パクス法は確定したのである。

このようにパクス法は、激しい対立のすえ成立にいたったのだが、院外でも議論が沸騰した。とりわけ一九九〇年代後半からパクス成立にいたるまでのほぼ五年間、この問題をめぐる発言が国内のさまざまなレベルで飛び交い、国論はまさしく二分した。最後にこの局面で賛成派と反対派に分かれたグループと個人の行動や発言を、残された紙幅の許す限り紹介したい。

まず反対派について。一九九八年四月、一万二〇〇〇人の市町村長(フランス全体の三分の一にあたる)が、「共和主義的な結婚(従来の結婚)を守る市町村長集団」と称する団体のアピールに署名した[*Le Monde*, 15 avril 1998]。起草者は、「フランス民主連合」(UDF)のクルーズ県フェルタン市長ミシェル・パントンである。法曹界もこれまでの態度を変えなかった。九六年五月七日、パリ一一区の小審裁判所はパートナーをシダでなくした生残者に対して、故人がもっていた賃借権の委譲を認めないという判決をくだした[Bach-Ignasse et Roussel 2000:206]。また法社会学者イレーヌ・テリーは、同性愛を否定はしなかったものの『エスプリ』誌九七年十月号に論文「社会結合契約」(CUS)を寄せ、CUSは「結婚の複製」(mariage bis)であり、従来の結婚制度を脅かすものだと述べ、反対の立場をとった。

だがそのなかの圧巻は、「フランス民主連合」の議員クリスティーヌ・ブタンによる議会演説だろう。

彼女は戦闘的なウルトラ・カトリック信者として、パクス反対の先頭に立っていた[Boutin 1998]。一九九八年十月九日、国民議会の壇上に立ったブタンは、聖書を振りかざしながら五時間半におよぶ演説をぶち、「聖書をお読みなさい、そうすればあなた方は変わるでしょう」と叫んだという[Martel 2000:628–630, 644–645]。そして翌九九年一月三十一日に、ブタンとその支持者たち(ブティニスト boutinist と呼ばれた)は、パリで約一〇万人の反パクス・デモを組織する[Bach-Ignasse et Roussel 2000:229]。デモ隊は「パクス＝男色野郎」と書かれたプラカードを掲げ、「ホモを火刑に！」と叫びつつ行進した。概して反対派に与する人たちは、シダの問題を捨象してもっぱら家族制度の防衛を主張するか、人びとの胸中に潜む(だろうと期待する)同性愛者への嫌悪感に訴えようとしている。

つぎに賛成派についてみれば、その先頭に同性愛者たちの諸組織があるのは当然として、注目すべきは彼らを囲む賛同者の層が徐々に広がっている点である。一九九三年九月刊の新版『プティ・ロベール』は、「恋」の項の説明で「男と女の関係」を「二人の人間の関係」に改めた。知識人についてみると、九六年五月一日『ル・モンド』紙上で、ピエール・ブルデュー、ジャック・デリダ、ミシェル・ペローなど六人の知識人が「同性愛カップルの法的承認を呼びかける」アピールを掲載した[*Le Monde*, 1 mars 1996]。これに続いて五月九日に二三四人の知識人と芸術家が、同性カップルの法的承認を支持するマニフェストを発した[*Le Nouvel Osservateur*, 9 mai 1996]。また同年五月二日の『リベラシオン』紙上に、異性・同性にかかわりなく「共同生活証明書」の発行に同意した市町村長二四三名のリストが掲載された[*Libération*, 2 mai 1996]。企業に目を移すと、同年五月十二日に、「フランス国有鉄道」が異性・同性にかかわりなく共同生活を営んでいる二名に、カップル割引切符を発行することに同意した。さらに九九年一月にブタンたちが組織した反パクス・デモへの返答として、同年六月二十六日に約二〇万人が参加するゲイ・プライドのデモがおこなわれた[Martel 2000:742]。

また世論も、パクスを支持する見方を取り始めている。一九九六年六月に「フランス世論調査研究所《イフォップ》」がおこなった世論調査によると、回答者の六七%が、同性愛は異性愛と変わらない性のあり方の一つだと考えている。同性カップルについては、七七%が相互の相続権を、六〇%が(一方が勤務する航空会社が発給する)割引乗車券を他方も受給できる権利を、五九%がカップルへの共同課税の権利を認め、五六%が同性カップルに「共同生活証明書」を発行した市町村長を承認している[*Le Monde*, 21 juin 1996]。また同じく「イフォップ」が九八年九月におこなった世論調査によると、異性カップルの五七%がパクスによって彼らに付与される法的身分に魅力を感じると答えている[*Libération*, 8 septembre 1998]。

おわりに——パクスの意味するもの

以上われわれは、パクスの採択がほぼ二年間にわたる議会での激論と、大規模な動員による要求運動の結果であることを確認した。そしてここにいたるまでに、同性愛者自身の運動がほぼ三〇年間続けられてきたことも確認した。この三〇年の運動の中心課題をみると、一九七〇年代には「タンスから出て」自らを語る勇気であり、八〇年代では二つの問題、すなわち刑法第三三一条第三項の廃止とシダとの闘いであり、九〇年代にはいると、同性カップルの正規化だった。同性愛者たちは、彼ら自身による自己表明によって一歩を踏み出し、さらに「差異の権利」の要求へ、そして同性カップルの法的認知の要求というように、社会とのベクトルを変えながら進んできた。一言でいえばこのプロセスは、運動が成熟していく道程と表現することもできる。

彼らの運動は、フェミニズムと結合することによってより広い地平を開くことができた。フェミニストたちは性役割に縛られることを拒否し、同性愛者たちは人間を男か女かに裁断することに異議を唱えた。パクスの成立は、新しいフェミニズムが一九七〇年代からつぎつぎと実現していった性の解放——嫡出子と非嫡出子の平等化(一九七二年)、妊娠中絶法(一九七五年)、離婚の自由化(一九七五年)、強姦の重罪刑化(一九八〇年)など——の一環、すなわち七〇年代に始まった「性革命」(révolution de mœur)の一角を占めているのである。

こうしたプロセスには、移民・ユダヤ人などほかのマイノリティの運動と共通するものがある。同性愛者は一九八〇年代以降、「権利の平等」を求め、この闘いに勝利した。フランスは、同性愛者というマイノリティの排除をやめて統合へ向かい、フランス革命で掲げられた権利平等スローガンの具体的な実践に向けて、さらに歩を進めた。この意味でパクスは、もう一つの「人権宣言」と名づけることができよう。それにつけても想起されるのは、フランス革命二〇〇周年にあたる一九八九年六月二十七日にレズビアン・ゲイ・プライド(九五年にゲイ・プライドを改名した)がおこなわれ、掲げられたプラカードに「自由・平等・同性愛」という「革命的な」スローガンが書かれていたことである。

だがこれですべてが終わったのではない。今後フランスの前には、二つの選択肢がある。一つは同性愛者の社会統合をさらに進める場合で、そのために解決すべき問題がまだ多く残されている。同性婚や養子縁組への扉は閉じられたままだし、何よりも揺らいでいる家族の概念をあらためて検討する必要に迫られている。もう一つは反パクス勢力の巻返しである。彼らの主張は、理性的な論理というよりは感情的な嫌悪をバネとしていることが多いから、それだけ頑強である。なんらかの事件を契機に、「ホモ嫌い」(homophobie)が激発しないとも限らないのだ。

フランスが第一の道を進むためには、じつはパクスそれ自体が示している同性愛者を特殊化することの是非を問い直して、彼らを一般法に統合する道を探ることが必要であろう。『ル・モンド』紙の論説「(もう一つの)人権」に従えば、「人類は普遍的な存在であり、その普遍性は人間を多様化し、部類化しているさまざまな差異を超越するものである。……人間はすべて人間であるがゆえに、平等な権利を享受する」［*Le Monde*, 18 novembre 1998］はずなのだから。

参考文献

France Soir
Le Monde
Le Nouvel Ouservateur
Libération
New York Times
Aoun, Alia, *Le PACS*, Paris, 2000.

Arnal, Frank, *Résister ou disparaître ? Les homosexuels face au sida: La prévention de 1982 à 1992*, Paris, 1993.
Bach-Ignasse, Gérard, "Familles" et homosexualité, in Borrillo, Daniel (dir.), *Homosexualité et droit*, Paris, 1998.
Bach-Ignasse, Gérard et Roussel, Yves, *Le PACS juridique et pratique*, Paris, 2000.
Borrillo, Daniel (dir.), *Homosexualité et droit*, Paris, 1998.
Boutin, Christine, *Le "mariage" des homosexuels? Cucs, pic, pacs et autres projets législatifs*, Paris, 1998.
Cairns, Lucille (ed.), *Gay and Lesbian Cultures in France*, Bern/Oxford/Berlin/New York/Wien, 2002.
Duncan, Alastair, Gay men in the French AIDS-Prevention Campaigns, 1987–1998: A Place in the Republic?, in Cairns, Lucille (ed.), *op. cit.*
Eribon, Didier (sous la dir.), *Dictionnaire des cultures gays et lesbiennes*, Paris, 2003.
Fernandez, Dominique, *Le loup et le chien. Un nouveau contrat social*, Paris, 1999.
Jacques, Girard, *Le mouvement homosexuel en France*, Paris, 1980.
Lestrade, Didier, *Act Up. Une histoire*, Paris, 2000.
Martel, Frédéric, *Le rose et le noir, les homosexuels en France depuis 1968*, Paris, 2000.
Mecary, Caroline et Leroy-Forgeot, Flora, *Le PACS*, Paris, 2000.
Mecary, Caroline et Leroy-Forgeot, Flora, *Le couple homosexuel et le droit*, Paris, 2001.
Percin, Laurence de, *Le Pacs*, Paris, 2001.（斉藤笑美子訳『パックス――新しいパートナーシップの形』緑風出版、二〇〇四年）
Pinell, Patrice(sous la dir.), *Une épidémie politique. La lutte contre le sida en France, 1981–1996*, Paris, 2002.
Strazzulla, Jerome, *Le sida, 1981–1985*, Paris, 1993.
Wharton, Steve, Pédés, PACS et pognon: establishing a community of French gays citizens?, in Cairns, Lucille (ed.), *op. cit.*

石川稔「同性愛者の婚姻 1・2」(『法律セミナー』一九八四年七月号)
井上たか子「パックス・家族・フェミニズム」(三浦信孝編『普遍性か差異か——共和国の臨界、フランス』藤原書店、二〇〇一年)
大村敦志「性転換・同性愛と民法 上・下」(『ジュリスト』一九九五年十二月一日・十二月十五日号)
大村敦志「家族関係の変容とジェンダー Ⅲ 家族とジェンダー」(『ジュリスト』二〇〇三年一月一日・一月十五日号)
棚村政行・婚姻法改正を考える会「同性愛者間の婚姻は可能か」(『法学セミナー』一九九四年八月号)
林瑞枝「パートナー関係法の展開——フランスの連帯民事契約が示唆するもの」(『法律時報』二〇〇二年九月二十一日号)
丸山茂『家族のレギュラシオン』御茶の水書房、一九九九年
丸山茂「PACS——同性愛の制度的承認か?」(『神奈川大学評論』三四、一九九九年)

補論

エロティックな公共性

公共性と親密性の構造転換

落合恵美子

I

鹿児島県の大隅半島で、一〇〇歳のおばあさんのライフヒストリーをうかがう機会があった。九州では若者がいわゆる宿に集団で寝泊まりして自由恋愛を繰り広げる風習が広く分布していたが、女性の側からの証言が得られたのは貴重なことであった[落合 2004b]。

このあたりではヨバナシと呼ぶそうだが、娘たちが数人で泊まっているところへ、男が忍んできて、「二人三人寝ちょっとをな、好いたのをな、外から引っ張っとよ」。子どもができることもある。それで結婚することもあるが、親が結婚に反対なら子どもは男に取られる。その子を育てるのは男のお母さんか「おかた」(奥さん)と聞いて、いささか驚いた。妻のいる男性も忍んでくるわけだ。「おかたがおっても、好いたし(人)がおれば逢って、そんしが良くなれば、最初んおかたんしをうって(棄てて)、そんおなごんしと一緒になるわけ。そげなことも、よくあった」。

子どもが産まれないようにする方法はなかったのかと尋ねると、「一カ月に三人男が替わればな、子どもはできんでいわれよったと。かわりがわりな」。避妊法としての効果はともかく、そんなことがまことしやかにいわれるほど、豊富な男性関係をもつ女性もいたのだろう。

だんだん乗ってくると、いろいろな話がつぎつぎでてくる。おばあさん自身は二回結婚しているが、子どもはそのあいだで産んでいる。父親は隣町からきていた大工で、「おかたがおって、知っちったどんな、男んしがただの三日でん、おまえと暮すごた（暮したい）って、だましおってな」、そういうことになったという。

ほかにも、土方仕事をしていたら、監督に山に引っ張り込まれそうになったこと、二度目の夫が「あっちにおなごをつくい、こっちにおなごをつくい」、「女が柴を刈っちょれば、そこ後追って」という始末だったこと、複数の男性と関係をもったり妾になったりした後家たちのことなど、決して若者に限らない、男女ともに奔放な性習俗が率直に語られた。

Ⅱ

冒頭から艶っぽい話を披露したのには、わけがある。本書は、「革命・公共圏・性文化」と題したシンポジウムから出発している。革命を画期として再編成されていく近代社会の構造転換と、性文化との関係が本書のテーマといえよう。ヨーロッパ、アメリカと日本という地理的な違いはあるとしても、近代が始まる以前の性文化の一つのあり方を具体的に思い描いてから、近代をみていきたいと思うのである。

おばあさんの語る世界は、性が遍在する社会といおうか。性愛は夫婦間に閉じこめられることなく、村の生活のあらゆる場面に横溢している。婚外の恋が悪いという意識がないわけではないが、「野でも山でも、子は産んでおっじゃれ」と、婚外子の誕生にも寛容で、そういう子どもたちを育てる受け皿もある。

これに対し、本書のいくつかの章は、近代の初期に公共圏と親密圏とが分離され、セクシュアリティや女性の活動が家族に閉じこめられていく過程を扱っている。とりわけ革命のさまざまな場面で公然と街頭活動や言論活動をおこなった女性たちが、処刑されたり、女性役割との折合いをつけなくてはいけなくなった経緯を追っている。

とはいえ、その過程は理論どおりにスムーズに進行したわけではない。本書の分析枠組みとしては、公私の分離と性別役割、異性愛イデオロギーをめぐる近代家族論が主要な枠組みとして用いられるのではないかと予想したが、その予想はなかばあたり、なかばよい意味で裏切られた。「良妻賢母にならない女性」「女性の家庭役割が公的に先鋭化する食糧暴動」「「家」の概念を広げた「社会的コミュニティ」での女性の活躍」「私的関係による公支配」など、上記の枠組みを超え出るような事象に、つぎつぎと光があてられたからである。「公共圏」に関しても、家内性の上にのった女性の公共性、家内性の対立物としての通常の意味での公共性、男性同盟としての公共性、ジェンダーとセクシュアリティを隠す場としての公共性など、異なる公共性概念がつぎつぎと論じられる。近代家族論的枠組みが日本で議論されるようになって二〇年、読者は、この間の研究の深まりを享受することができるだろう。

III

本書のなかで私に与えられた役割は、シンポジウムでのコメンテーターとしての役割の延長で、さまざまな地域や時代の多面的な事象を扱う各章を読み進めるための、地図を描くことであろう。その地図は理論的であると同時に、歴史的でもあらねばなるまい。地図を描くために、私はヘーゲルから出発しようと思う。公共性をめぐる議論は現在ますます錯綜しており、原点に戻ることが必要と思うからだ。

ヘーゲルの『法の哲学』(一八二一年)は、周知のように人倫共同体の三つの段階、すなわち家族、市民社会、国家を区別する。家族は愛による統一であり、婚姻によって男女は個別の人格を廃棄し一体となり一人格をかたちづくる。市民社会は家族を背景にもつ独立した個人から成り立ち、諸個人が自分の幸福と欲求充足を求めて活動する。そこから他者との関係が生まれ、権利と法が懐胎されて、それを制度的に保証するものとして国家という公共圏が立てられる。歴史社会学的視点からみれば、家族、市民社会、国家という三層が截然と区別されるのは近代社会に固有の構造である。ヘーゲルは、当時まさに生成しつつあった近代社会の構造を理念型的に描き出そうとしたのである。

さて、本書の鍵《キー》概念である公共圏という概念は、三層構造との関係では二通りに用いられることに注意しなくてはならない。国家という層のみに「公共性」をふりあてる政治的公共性論と、市民社会も「公共性」の領域と考える論である。前者の代表は古代ギリシア社会を念頭におくハンナ・アーレントであり、法学における公法と私法の区別もこの線にそっている。これに対し、ユルゲン・ハーバーマスや、家族論やジェンダー論のいう公私の分離は、後者の立場に立っている。

後者は、経済的公共性論と呼ばれることもあるが、なにも経済に限定することはない。近年注目されているNPOやNGO、ボランティアなどの担う公共性は、市民社会の市場に還元されない部分に対応しており、社会的公共性とでも呼ぶべきである。そもそもハーバーマスのいう公衆の集った結社が、この位相に属する［Habermas 1962］。

では、公共性の反対概念は、三層構造のどこに位置づくのだろうか。公共性の反対語としては、「親密性」(intimacy)、「私性あるいは私秘性」(privacy)、「家内性」(domesticity) という概念のいずれもが用いられる。これらはみな、近代家族の性質として列挙されるものである。しかしその意味するところは少しずつずれる。三層構造の真ん中の市民社会、とりわけ市場を(政治的公共性との対比で)「私的」領域と観念することはあっても、あとの二つの概念は家族にしか対応しえない。とくに「家内性」という概念は、定義により家族に関係づけられている。すなわち公共性の三つの反対概念がかさなる領域は家族でしかありえない。「公私の分離」という場合、家族とそれ以外の領域との分離、すなわち近代家族の成立と等値されがちなのはそのためであろう。

以上までは理論的地図作成の試みであったが、ここに歴史性、すなわち時間という軸を導入すると、さらに興味深い事態が生じる。安定した三層構造が存在すれば、公共性の三つの反対概念には「家族」という一応の具体的な社会的場所が与えられる。しかし、ひとたびその構造が揺らげば、(冒頭のおばあさんの生きた世界のように)親密な関係は家内には限られなくなり、「私」の場所は確定できなくなる。この混乱は、反対概念である公共性にも波及せずにはいられまい。

近代社会の変質は、一九七〇年代頃から指摘されるようになった。きたるべき時代はまず「ポストモダン」(脱近代)と呼ばれたが、一九九〇年代以降は「第二の近代」(Beck)、「再帰的近代」(Beck, Giddens)、「リキッド・モダニティ」(Bauman)、「市場独裁主義」(Bourdieu)、「ニューエコノミー」(Reich)など、近代の新たな局面としての見方が一般的になっている[山田 2004]。

本稿の文脈でいえば、明確な三層構造が揺らぎ出すのが、新たな時代の合図である。変質の起こる前と後の時代を「第一の近代」と「第二の近代」と呼んでおこう。以下では、それぞれの時代における性文化について興味のあるところを論じてみたい。

Ⅳ

本書の多くの章は、「第一の近代」の形成過程、すなわちヘーゲル的三層構造の確立を扱ったものということができよう。その過程が単純な経路をたどったのでないのは、すでにふれたとおりだ。また二十世紀になると、この構造を形成する動きと、変容させる動きとがかさなり合って、よけい複雑な様相を呈する。

性文化という観点からみると、「第一の近代」の成立は、セクシュアリティの家族への押込めと、家族外での女性の活動の制限に特徴づけられる。本書では、革命という政治的公共性の場での女性の活躍と、紆余曲折をへながらも強まる排除への圧力に焦点があてられる。経済的公共性からの排除についても研究は多い。ヨーロッパではギルドからの女性の排斥、日本では中世には強力だった女性の財産権の近世を通じての低下などが論じられてきた。

社会的公共性は、女性が比較的活動しやすい領域だったのかもしれない。本書で論じている南北戦争期アメリカの社会的コミュニティも、まさにこの意味での公共性だろう。食糧暴動など女性の街頭運動も、社会的公共性——社会史の用語ではソシアビリテといってもよい——から政治に転化したものと考えられる。

さて、ここまで、性文化という言葉を、ジェンダーとセクシュアリティの両方を意味するものとして使ってきた。「第一の近代」における公私の分離は、ジェンダーによる領域の分離であったのだが、そのことセクシュアリティとはどのような関係にあるのだろうか。

ともすれば看過されがちなこの問いに、答えを与えてくれるのが、本書のヴィルヘルム二世の性愛をめぐる論考である。ヴィルヘルム二世の親政は、オイレンブルク伯との同性愛という「私的関係による公支配」であったという。同性愛関係はこの二者のあいだにとどまらず、当時の国政と外交の随所に存在していた。しかし二十世紀初頭、性愛をめぐる転換点が訪れる。「同性愛をスキャンダルとみなす時代に突入」し、オイレンブルクらは裁判の場で性交渉のさまをあばかれ、失脚するのである。

イヴ・セジウィックの『男同士の絆』(一九八五年)以来、言及されることの多い男性同盟論は、「同性愛を一方で排撃しながらホモソーシャルな男性同士の結びつきを理想化・擁護」するものだが、この屈折した論理が前面に出る以前には、ホモセクシュアルでホモソーシャルな男同士の絆が、国家という政治的公共性を動かしている時代があった。

「性愛はもっぱら「私的」領域に、それもヘテロ的関係として封じ込め」られるのにともない、まず女性が、つぎに同性愛男性が「公」から排除され、そしてホモソーシャルな絆が残ったが、それもまた一時代の現象であり、参政権の獲得、女性雇用者の増大など女性の公的領域への再編入をへて、かえって「無性」の領域としての「公」が徹底する、という見取図を描いてみたい。

公私の分離がジェンダーによる領域の分離に繋がる理由は、あまり明示的に論じられてこなかった。女性を家内的な存在と定義することにより、女性のおこなう家事労働や生産労働が「労働」とみなされなくなり、資本による女性の搾取が可能になるというマリア・ミースらの「主婦化」理論も[Mies 1986]、分離の原因というより結果論ではないかという不満が残る。「労働」ではなく「性」を説明要因として、公共性からのセクシュアリティの排除、いわば「脱エロス化」という観点から、ジェンダーの分離や同性愛の抑圧を統一的に説明するほうが、よほどすっきりする。

公共性からのセクシュアリティの排除、あるいは脱エロス化がめざされるのは、普遍主義と個別主義ならば普遍主義、感情性と感情中立性ならば感情中立性をとるという、近代社会の価値志向に裏打ちされている。性愛関係にあるという究極の個別性が、公的判断に影響するのをきらうのである。というと、当り前のように思われるかもしれないが、それは特定の時代の特殊な価値観にすぎないということを、「私的関係による公支配」の事例は示している。

少し視野を広げると、「革命」にも関係するが、王政の衰退という近代に広くみられる現象自体が、このメカニズムと関係していると思われる。「王の二つの身体」というが、生身の肉体をもつ王が、不朽の政治的身体を兼ね備えるのが王政である[Kantorowicz 1957]。キリストが神の子であると同時に人の子でもあるのと同様に、このことが王政の大きな魅力であったろう。しかしそれは、とりもなおさず、王が性愛の対象となり主体となりうるということであって、近代のきらう「個別」な関係の「公」への介入を避けることができない。同性愛でなくとも、異性との関係でも同じ構造が生じるのは、ヨーロッパの王室間の通婚が重要な外交戦略であったことからも、日本の摂関政治が可能であったことからも、明らかである。にわかに現代的話題となった女帝論は、王が女性であることによって、王政に普遍的なこの問題が、より先鋭化してみえているということにすぎない。

フランスの家族史家ジェラール・デリルは、ヨーロッパの婚姻規則が近代初期に変容し、それ以前には王族や貴族のみならず平民もさかんに利用していた婚姻同盟が取り結べなくなって、ヨーロッパ社会の連帯のあり方が根本から変わったと論じている[Delille 2004]。性による「公」支配は、多くの前近代社会においてはスキャンダルでもなんでもなく、もっとも正統的な公共性のあり方であった。

中国などでは今日も健在なこのシステムは、親族や友人など縁故関係ですべてが決まるコネ社会、賄賂社会として評判が悪いが、法治主義に対比される人治主義、徳治主義という、もう一つの社会組織のあり方ではある。

V

「第二の近代」と呼ばれる新たな局面にはいると、近代社会のヘーゲル的三層構造が揺らぎ出す。国家の側からみると、明らかな画期は、冷戦の終結とソ連邦の崩壊であった。そこからアメリカへの一極集中は不動のものとなり、市場経済のグローバル化が加速した。これは三層構造の変容といえる。経済的公共性が、あるいは市民社会が、国家を領域的に凌駕し始めたのだから。これを市民社会のマクロ方向への拡大と呼んでおこう。

家族の側からみると、新たな局面は欧米では一九七〇年代から始まっていた。出生率の低下、離婚率の上昇に続き、婚外出生率も上昇し、いまや北欧では二人に一人の子どもは婚外子という状況である。人口学では、こうした変化を「第二の人口転換」と呼んでいる。これと歩調を合わせるように、女子労働力率も一九七〇年代から上昇を続けている。性別分業した夫婦が少数の子どもに愛情をそそいで育てるという近代家族は、少なくともヨーロッパでは過去のものとなった。

このように列挙できるヨーロッパの家族変動のもっとも中心的な要因は何なのかと考えると、結婚が不安定では性別分業にあまんじるわけにもいかない、子どもも産みにくい、というように、結婚の変容がもっとも中心的であるように思われる。ヨーロッパでは結婚という制度が崩壊したとすらいわれる。生涯のいつの時期にパートナーをもつか、あるいは一生もたないか、子どもをもつかもたないかはライフスタイルの問題になった。結婚制度によらない同棲が増え、同性との生活を選ぶ人びともでてきた。

こうした状況を後追いするように、婚姻法の改正や関連法の制定があいついでいるが、本書で取り上げているフランスのパクスは、そのような試みの一つである。フランスでは、婚姻法とパクスのほかに、当事者間で自由に共同生活契約を結ぶという形式もある。ドイツにも同性間の共同生活契約に関する法律があり、スウェーデンでは、新婚姻法制定に合わせて同棲法とホモセクシュアル同棲法が、さらにパートナー登録法が制定された［善積 2004:12］。いずれも「婚姻」よりもゆるやかな制度であり、共同生活上の利益は守られるが、解消は自由だったり、貞操義務はなかったりする。しかし、ジュディス・バトラーやマーサ・ファインマンのような徹底した論者は、これらの法は同性愛者らを結婚という制度に絡め取ろうとしているにすぎないと批判し、法的制度としての婚姻の廃止を訴える［Fineman 1995］。パクスをめぐる本書の論考からは、現実的問題への対応のために、こうした法制度がいかにして要請されたかがわかるので、単純な評価は禁物ではあるのだが。

「理念型」を描くつもりで極論すれば、一組の男女を生涯にわたって結びつける結婚が崩壊したとすると、社会の基本単位はもはや家族ではなく、個人となったといわざるをえない。市民社会論の観点からこの事態をみると、公共領域の侵入を阻む家族という壁がなくなって、個人が直接に公共領域に曝《さら》される状況といえる。個人主義が想定するような強い個人が社会に対して屹立《きつりつ》しているイメージとは若干異なるが。これを市民社会のミクロ方向への拡大といっておこう。

このように、「第二の近代」は社会の構造転換を引き起こす。それは、マクロ方向には国家を超え、ミクロ方向には家族の壁を突き破る、マクロとミクロ双方向への市民社会の拡大である。「市民社会の全域化」といってもいいかもしれない［落合 2004a］。

市民社会の全域化の行き着く果てでは、マクロ方向では世界が一つの市民社会となることだろう。国民国家や領域国家は市民社会に包摂されて、地方政権となる。その場合、「国家」のかわりに法を担保するのは、国家の連合である国際連合であろうか、帝国化した一つの国家だろうか。国際的に活躍するＮＰＯやＮＧＯのはたす公共的役割にも注目が集まっている。しかし、多文化主義を超えて、だれも排除しない公共性は内実のあるものとして構想可能なのだろうか。寛容性や秩序問題が議論されるゆえんである。

では、ミクロ方向の拡大の行き着く果ては、どのようなことになるのだろうか。私的領域の極小化、というのがその答えだろう。私的領域は一人一人の個人にまで縮小し、「家内性」という概念は成り立たなくなる。ドメスティック・バイオレンス防止法や、児童虐待を防ぐための児童相談所の問題家庭への介入など、家族への公的介入が進んでいるのは、その徴候といえる。

さらに、アメリカの中絶論争は、胎児の保護のための女性の身体への介入というところまで進んでいる。産婦の意志に反して帝王切開を命じたり、病院に強制入院させたりする判決がでたという［荻野 2001:235］。この段階では、個人ももはや私的領域とはなりえない。公的領域が、女性の皮膚を貫いて、子宮の中にまで介入してくるのである［落合 2004a］。

家族が成り立たなくなる時代に、「家内性」にかわって前面に出てきたのが「親密性」という概念である。「親密性」は個人と個人のあいだの「特別な関係性」として定義できるので［Giddens 1992:95］、家族とは無関係に存在できる。特別な関係性の内実は、一般的には情緒的絆とセクシュアリティと観念されるが［Giddens 1992:90］、ケアも親密性の核におくべきだとする主張もある［齋藤 2003:v–viii］。いずれにせよ、心と身体を寄り添わせて生きる力を与え合う関係、それが親密性といえるのではないだろうか。

現代において、親密性は婚姻よりも「純粋な関係性」と結びつくようになっているとギデンズはいう。

「純粋な関係性」とは、「社会関係を結ぶというそれだけの目的のために、つまり、互いに相手との結びつきを保つことから得られるもののために社会関係を結び、さらに互いに相手との結びつきを続けたいと思う十分な満足感を互いの関係が生み出しているとみなす限りにおいて関係を続けていく、そうした状況を指している」[Giddens 1992:90]。

「純粋な関係性」の追求は、しかし、簡単ではない。「因習にとらわれない関係は、決まりがないため、難しいのです」という同性愛女性の告白は、婚姻なき時代の異性愛カップルの苦悩の先駆けでもあった[Giddens 1992:202]。「純粋な関係性」は「いつの時点においてもいずれか一方のほぼ思うままに関係を終わらすことができる」し、性的排他性も必須ではない[Giddens 1992:97]。束の間の性的興奮と永続的な気遣いとのあいだの葛藤や、背信行為への疑心暗鬼など、恋愛固有の苦しみが純化してあらわれて[Giddens 1992:第8章]、セックス嗜癖や共依存に陥る人たちもでてくる[Giddens 1992:第5・6章]。

近年の日本の若者のあいだには、家族関係の「偶有化」、すなわち「他でもありえた」と感じる感覚が広がっている反面、前世からの絆を求めたり、ネット心中のようなまったくの偶然に「必然＝宿命」を求めたりする逆説がみられるという[大澤 2004]。すべてが選択できる関係に、人間はたえられるのだろうか。

では、親密性の反対概念である公共性は、親密性の変容にどのように影響されるだろうか。家族のある時代、家族は親密性を囲い込み馴致する場として機能していた。しかし、家族がなくなると、親密性が公共領域に流出するという事態が生じる。二十世紀後半の女性の「社会進出」の結果、公共領域にはいまや異性も同性も入り混じっており、さらに同性愛タブーも弱まっているので、潜在的にはだれもが親密性を取り結ぶ相手の候補であるからだ。それでも、公共領域は「無性」の空間であるべきだとする規範はまだ健在なので、親密性を求める行為は勇気のいる飛躍である。そこで、一方では状況の読み間違いなどによるセクシュアル・ハラスメントが多発し、他方ではそれを怖れるあまり告白すらできない人びとが増えていく。

こういうと顰蹙《ひんしゅく》を買うかもしれないが、滲出してきた親密性に、公共性が場所を与えようとしたのが、インターネットの出会い系サイトや、ホストクラブなど女性が買い手になる場合も含めた性愛の市場化ではなかろうか。ケアの市場化は進行しており、ケアの公共化は真剣な政策課題である。それなら性の市場化や公共化もまともに論じられてよいはずだ。ケアが家族で担えなくなったら、ヘルパーやボランティアがはいり、施設という受け皿もある。それなら近年話題のセックスレス夫婦はどのように救済しうるのか、と思考実験をしてみるのもいいだろう。

「第一の近代」では公共性の脱エロス化が起こったが、「第二の近代」では再エロス化が起こるのだろうか。それは冒頭のおばあさんやヴィルヘルム二世の生きたような「性の横溢する社会」なのだろうが、それを二十一世紀の都市で実現するとしたら、どのようなかたちをとることになるのだろう。「エロティックな公共性」とは何か。「第二の近代」を生きるわれわれに、突きつけられた課題である。

参考文献

Delille, Gérard, "Le systéme européen de l'alliance: circuits courts et circuits longs de réciprocité," 2004. 比較家族史

日仏シンポジウム（京都大学　十月二十三日）にて報告

Fineman, Martha Albertson, *The Neutered Mother, The Sexual Family and Other Twentieth Century Tragedies*, New York, 1995.（上野千鶴子監訳『家族、積みすぎた方舟――ポスト平等主義のフェミニズム法理論』学陽書房、二〇〇三年）

Giddens, Anthony, *The Transformation of Intimacy*, Cambridge, 1992.（松尾精文・松川昭子訳『親密性の変容――近代社会におけるセクシュアリティ、愛情、エロティシズム』而立書房、一九九五年）

Habermas, Jurgen, *Strukturwandel der Öffentlichkeit*, Berlin, 1962.（細谷貞雄訳『公共性の構造転換』未来社、一九七三年）

Hegel, Georg Wilhelm Friedrich, *Grundlinien der Philosophie des Rechts*, Berlin, 1821.（上妻精・佐藤康邦・山田忠彰訳『ヘーゲル全集　法の哲学――自然法と国家学の要綱』上・下、岩波書店、二〇〇〇～〇一年）

Kantorowicz, Ernst, *The King's Two Bodies*, Princeton University Press, 1957.（小林公訳『王の二つの身体――中世政治神学研究』平凡社、一九九二年）

Mies, Maria, *Patriarchy and Accumulation on a World Scale*, London, 1986.（奥田暁子訳『国際分業と女性――進行する主婦化』日本経済評論社、一九九七年）

Sedgwick, Eve K., *Between Men*, New York, 1985.（上原早苗・亀澤美由紀訳『男同士の絆――イギリス文学とホモソーシャルな欲望』名古屋大学出版会、二〇〇一年）

落合恵美子「家族とジェンダーをめぐる岐路――第二の近代におけるアジアの市民社会」日韓シンポジウム「市民社会の生成と法の役割」（京都大学　十月二・三日）にて報告、二〇〇四年a

落合恵美子「一〇〇歳女性のライフヒストリー――九州海村の恋と生活」（『京都社会学年報』第一二号、京都大学大学院文学研究科社会学研究室、二〇〇四年b）一七～五五頁

荻野美穂『中絶論争とアメリカ社会――身体をめぐる戦争』岩波書店、二〇〇一年

大澤真幸「家族の排除――少年・少女の犯罪の背景にあるもの」(『週刊朝日百科　日本の歴史』第一一八号、朝日新聞社、二〇〇四年)二四七~二五〇頁
齋藤純一編『親密圏のポリティクス』ナカニシヤ出版、二〇〇三年
山田昌弘「家族の個人化」(『社会学評論』五四巻四号、二〇〇四年)三四一~三五四頁
善積京子編『スウェーデンの家族とパートナー関係』青木書店、二〇〇四年

あとがき

日本西洋史学会第五三回大会が、私たちの勤務する愛知県立大学で二〇〇三年五月に開催されることになった。恒例のシンポジウムのテーマに関していくつかの候補があがったが、結局、「西洋近代における性文化」を取り上げることに決まった。女性、家族、ジェンダーといった問題は近年国の内外のあらゆる分野で論じられており、歴史研究の対象としても注目されて久しい。しかし当学会では個別報告は別として、シンポジウムなどで大きく扱われたことはなかった。そこで私たちは大会の一年程前に、西洋近代の家族史関係の研究で第一人者である名古屋大学の若尾祐司氏を訪ね、ご協力と事実上の主催をお願いした。

その後若尾氏を加えた三人で討議をかさね、さらに二〇〇二年十二月に名古屋大学でプレシンポジウムを開いて、「西洋近代における性文化」というかなりおおざっぱなテーマの焦点をつぎのように絞ることにした。すなわち、時期については、フランス革命を嚆矢《こうし》とする各国の革命ないし大変革期とし、この間に構築された公共圏と性文化とのかかわりについて検討するというものである。

シンポジウムでは、四人の個別報告がおこなわれ、若尾祐司氏と栖原彌生が司会を務めた。また川北稔氏と落合恵美子氏にコメンテーターをお願いした。川北氏は当時大阪大学で附属図書館長（総長補佐）という激務に就かれており、極めて多忙な身だったが、私たちのたっての願いを聞き入れてくださった。

このようなシンポジウムをもとに編集したのが、本書である。むろん、この間にいくつかの変更点があった。まずシンポジウムではテーマを「革命・公共圏・性文化」としたが、公共圏の理論化や位置づけが不充分なため、公共圏なる語を本書の題名としては省き、個々の論考のなかで生かされる結果となった。

また川北稔氏は、本書に「特別寄稿」をしてくださる予定だったが、二〇〇四年三月退官される前後数年間の多忙さのため体調を崩され、寄稿が不可能になった。同氏はシンポジウムで諸報告に対して「革命」との関連づけが不明瞭という指摘をされ、これを受けて、私たちに寄せられた短い一文において、つぎのように述べられている。「シンポジウムで、表題にはあった「革命」がほとんど論じられなかったことを、むしろひとつの手がかりとして、ジェンダー史やセクシュアリティの歴史を超えて、もう少し広い観点で、かねて主張している「さまざまな境遇の歴史」というか、「さまざまな立場の歴史」を、あらためて提唱するというような段取りでおりました」と。近い将来、この着想を一論として世に問われるであろうことを、私たちは心待ちにしている。

また、シンポジウムではフロアから多数の興味深い発言や質問をいただいた。例えば、姫岡とし子氏はフランクフルト在住期の知見を踏まえ、一九七〇年代のドイツにおける女性解放の論理に言及された。菊川麻里氏はイタリアにおける女性史ないしジェンダー研究の現状と問題点を述べてくださった。時間的制約のため、議論をさらに広げ深めることができず、残念だった。

さらに若尾祐司氏は二〇〇四年四月に名古屋大学副総長(理事)に就任され、法人化直後の大学における激務などのため非常に困難ななかで、序文と第二章を執筆された。シンポジウムのもう一人のコメンテーターである落合恵美子氏は、本学会では異色の存在である社会学者としての立場から、貴重な見解を披露された(『西洋史学』一一二号、八五頁参照)。しかも多忙窮まるなかを、無理強い同様の願いを聞き入れ、本書に「特別寄稿」してくださった。報告者のなかで、天野千恵子氏はシンポジウムでは「フランス革命期の女性像と子ども」だったが、本書では女性に的を絞った。星乃治彦氏はシンポジウムにおける「ナチズムとホモ・セクシュアリティ」はすでに他所(『思想』九五五号、二〇〇三年十一月)に発表されたので、新たに筆を起こしていただいた。シンポジウムの報告者ではなかった私たちも、この企画に参加した一員として、それぞれ論考を加えた。

ともあれ、このように多くの方々のご尽力のもとに本書はできあがった。感謝の気持ちは筆舌につくしがたい。さらに、本書を企画し完成してくださった山川出版社の編集部の方々に、心から謝意を表したい。

二〇〇五年三月

栖原彌生
垂水節子

星乃治彦　ほしの　はるひこ
1955年生まれ。九州大学大学院文学研究科博士後期課程単位取得退学
現在，福岡大学人文学部教授
主要著書：『東ドイツの興亡』(青木書店, 1991)；『社会主義国における民衆の歴史—— 1953年 6 月17日東ドイツの情景』(法律文化社, 1994)；『社会主義と民衆——初期社会主義の歴史的経験』(大月書店, 1998)；『欧州左翼の現在』(日本図書刊行会，2002)；Macht und Bürger—Der 17. Juni 1953 (Peter Lang - Verlag, 2002)

栖原彌生　すはら　やよい(編者)
1938年生まれ。北海道大学大学院文学研究科博士課程単位取得退学
現在，愛知県立大学名誉教授
主要著書・論文・訳書：『日常と犯罪——西洋近代における非合法行為』(共著, 昭和堂, 1998)；「フランス社会事業史試論——フランス革命期を中心として」(『愛知県立大学外国語学部紀要』35, 2003)；G. デュビィ, M. ペロー『女の歴史』全 5 巻(共訳, 藤原書店, 1994-2001)

落合恵美子　おちあい　えみこ
1958年生まれ。東京大学大学院社会学研究科博士課程単位取得退学
現在，京都大学大学院文学研究科教授
主要著書：『近代家族とフェミニズム』(勁草書房, 1989)；『制度としての〈女〉——性・産・家族の比較社会史』(共著, 平凡社, 1990)；『21世紀家族へ——家族の戦後体制の見かた・超えかた』(有斐閣, 1994, 1997, 2004)；『近代家族の曲がり角』(角川書店, 2000)

執筆者紹介(執筆順)

若尾祐司　わかお ゆうじ(編者)
1945年生まれ。名古屋大学大学院法学研究科博士課程中退
現在，名古屋大学理事・大学院文学研究科教授
主要著書：『ドイツ奉公人の社会史』(ミネルヴァ書房,1986)；『近代ドイツの結婚と家族』(名古屋大学出版会,1996)；『近代ヨーロッパの探求 2　家族』(編著,ミネルヴァ書房,1998)；『記録と記憶の比較文化史』(共編著,名古屋大学出版会,2005)

天野知恵子　あまの ちえこ
1955年生まれ。名古屋大学大学院文学研究科博士課程後期課程単位取得退学
現在，愛知県立大学外国語学部教授
主要論文・訳書：「フランス革命期の初等教育をめぐって」(『愛知県立大学外国語学部紀要(地域研究・国際学編)』36,2004)；「革命前夜の子ども・家族・社会」『フランス史からの問い』(山川出版社,2000)；ピエール・ノラ編『記憶の場』全 3 巻(共訳,岩波書店,2002-03)

田中きく代　たなか きくよ
1950 年生まれ。関西学院大学大学院文学研究科博士課程後期課程単位取得退学
現在，関西学院大学文学部教授
主要著書・論文：『南北戦争期の政治文化と移民――エスニシティが語る政党再編成と救貧』(明石書店,2000)；『北アメリカ社会を眺めて――女性軸とエスニシティ軸の交差点から』(共編著,関西学院大学出版会,2004)；「アメリカ政治史研究におけるニュー・ヒストリーの成果と展望――アンテベラム期の参加的民主主義を中心に」(『関西学院史学』26,1999)

橋本伸也　はしもと のぶや
1959年生まれ。京都大学大学院教育学研究科博士後期課程学修認定退学
現在，広島大学大学院教育学研究科助教授
主要著書：『エカテリーナの夢　ソフィアの旅――帝制期ロシア女子教育の社会史』(ミネルヴァ書房,2004)；『バルト諸国の歴史と現在』(共著,東洋書店,2002)；『身体と医療の教育社会史』(共著,昭和堂,2003)；『ネイションとナショナリズムの教育社会史』(共編著,昭和堂,2004)

垂水節子　たるみ せつこ(編者)
1940 年生まれ。早稲田大学大学院文学研究科博士課程単位取得退学
現在，愛知県立大学外国語学部教授
主要著書・論文：『ドイツ・ラディカリズムの諸潮流――革命期の民衆　1916～21年』(ミネルヴァ書房,2002)；「1911年中部ドイツの褐炭鉱夫ストライキ――「民衆文化」へのアプローチ」(『西洋史学』179,1995)；「ナチス・ホロコーストと歴史教育――映画『シンドラーのリスト』の評価を中心に」(『鳴門史学』11,1998)

革命《かくめい》と性文化《せいぶんか》

2005年5月10日　1版1刷　印刷
2005年5月25日　1版1刷　発行

著　者　若尾祐司《わかおゆうじ》・栖原彌生《すはらやよい》・垂水節子《たるみせつこ》

発行者　野澤伸平

発行社　株式会社　山川出版社

〒101-0047　東京都千代田区内神田1-13-13
電話　03(3293)8131(営業)　8134(編集)
http://www.yamakawa.co.jp/
振替　00120-9-43993

印刷所　プロスト

製本所　株式会社　関山製本社

装　幀　菊地信義

 ISBN4-634-64014-7